U0624198

决定孩子**命运**的
12个习惯
（珍藏版）

林格 编著

清华大学出版社
北　京

内 容 简 介

好习惯是人才这棵参天大树的重要根基，树在种的时候就要扎好根，人在小的时候就要训练出好习惯。嘴皮磨破了，眼睛盯酸了，人也累瘦了，孩子还是没管好。培养孩子光有热情可不行，手法强硬还会适得其反。本书打破以往枯燥的说教，以一种活泼的方式，充分调动学校、家长、孩子三方，在短短21天内就培养一个可以使孩子终身受益的好习惯。书中除了"21天训练方案"外，还有评估方案，使您科学见证训练效果，每个习惯都配有"主题延伸阅读"，是一篇篇连续剧般的班级小故事。您的孩子是他，还是她，如何才能成为优秀的"她"，相信通过本书您能得到满意的答案。

本书的序列化训练方案，本着科学、实用的设计理念，使您在轻松、愉快、和谐的氛围中，完成关乎孩子一生命运的大事业。

图书在版编目(CIP)数据

决定孩子命运的12个习惯(珍藏版)/林格 编著. —北京：清华大学出版社，2012.8
(2019.6 重印)

ISBN 978-7-302-29257-9

Ⅰ. ①决… Ⅱ. ①林… Ⅲ. ①中小学生—习惯性—能力培养 Ⅳ. ①G635.5

中国版本图书馆CIP数据核字(2012)第151335号

责任编辑：张　颖　高晓晴
封面设计：周周设计局
版式设计：康　博
责任校对：蔡　娟
责任印制：宋　林

出版发行：清华大学出版社
　　　　　网　　址：http://www.tup.com.cn，http://www.wqbook.com
　　　　　地　　址：北京清华大学学研大厦A座　　　　　邮　　编：100084
　　　　　社 总 机：010-62770175　　　　　　　　　　邮　　购：010-62786544
　　　　　投稿与读者服务：010-62776969，c-service@tup.tsinghua.edu.cn
　　　　　质 量 反 馈：010-62772015，zhiliang@tup.tsinghua.edu.cn
印 装 者：河北远涛彩色印刷有限公司
经　　销：全国新华书店
开　　本：147mm×210mm　　　印　张：7.75　　　字　数：198千字
版　　次：2012年8月第1版　　　　　　　　　　印　次：2019年6月第9次印刷
定　　价：28.00元

产品编号：048591-04

前　言

　　培养良好习惯是素质教育的归宿。一个中国的博士曾对德国的酒鬼做了细致地观察：他发现，在德国即使是一个喝醉了的酒鬼，也不会随地乱扔酒瓶；而是摇摇晃晃地到处为手里的空酒瓶子寻找垃圾箱；找到后还会努力定定神，仔细看一下垃圾分类，再把瓶子放进去……这就是典型的习惯行为。

　　德国人以认真闻名世界，可能正是因为细节的养成所致。著名教育家乌申斯基说："如果你养成好的习惯，你一辈子都享受不尽它的利息；如果你养成了坏的习惯，你一辈子都偿还不尽它的债务；坏习惯能以它不断增长的利息让你最好的计划破产……"

　　习惯是养成教育的结果，养成良好的习惯是行为的最高层次。习惯是经过反复练习而养成的语言、思维、行为等生活方式，它是人们头脑中建立起来的一系列条件反射，这种条件反射是在重复出现且有规律的刺激下形成的，并且在大脑中建立了稳固的神经联系，只要再接触相同的刺激，就会自然地出现相同的反应，所以说习惯是条件反射长期积累、反复强化的产物。从心理机制上看，它是一种需要，一旦形成习惯，就会变成人的一种需要，如果不这样做，就会感到很别扭。

　　北京师范大学心理学教授林崇德曾对习惯有一个非常形象的描述：习惯就是心里痒痒的感觉。好比爱逛街的女人看见商场就产生一种心里痒痒的感觉，就想赶紧去逛，不让她逛，她心里就会难受。

　　因为习惯是一种动力定型，是条件反射长期积累和强化的结果，因此必须经过长期、反复的训练才能形成。严格要求、反复训练，是形成良好习惯最基本的方法。实践证明，真正的教育不在于说教，而在于对孩子养成良好习惯的反复训练。如果只重视道德认识的提高，只强调道德标准和规则的掌握，而忽视行为实践，不引导和要求学生切实付诸行动，我们的思想品德教育就没有生命力，孩子就容易养成言行不一致的恶习，从而背离教育目标。

养成教育的内容很广泛，怎样举一反三，怎样从小处着手，是最重要的问题。这 12 个习惯的提出，参考了由孙云晓教授主持的"少年儿童行为习惯与人格关系"课题的系列成果，还参考了由关鸿羽教授撰写的《教育就是培养习惯》一书中关于习惯内容的分析与选择方面的内容。这里的任何一个习惯都渗透了多种重要的教育思想，很多几乎可以成为一所学校的校训，或者孩子的座右铭。

需要特别说明的是，本书的部分文字整理工作由我的学术助理吴贤春协助完成。另外，为了使之更加具有可读性，特邀请贾洪涛老师创作了"主题延伸阅读"。

✼

本书还有一个特点就是家庭、学校、学生合作互动，完成学习、训练、评价一体化的科学操作规程，按照对比表格来实现，简单易行，举一反三。特别需要强调的是，所有的训练应当以家庭为中心，家庭是习惯的学校。

本书分为两部分：第一部分是对习惯进行一个概括性的阐述；第二部分是 12 个重要习惯的序列化训练方案。

目　　录

第一部分

养成教育的意义与方法

养成教育意义重大

一、养成教育是管一辈子的教育

养成教育，是培养孩子养成良好习惯的教育。

习惯是养成教育的产物，它往往起源于看似不经意的小事，却蕴含了足以改变人类命运的巨大能量。好习惯常常让人受益终生，坏习惯往往使人深陷泥潭。

要抓好养成教育，应当从培养孩子的良好习惯入手。因此，全面了解有关习惯的知识是很有必要的，这里为大家做一些介绍。

1. 习惯的定义

从现代心理学的角度来看，我国儿童心理学家朱智贤教授认为，习惯是人在一定情境下自动化地去进行某种动作的需要或倾向。例如，儿童养成在饭前、便后或游戏后一定要洗手的习惯后，完成这种动作已成为他们的需要。他同时指出，习惯形成就是指长期养成的不易改变的行为方式。习惯形成是学习的结果，是条件反射的建立、巩固并臻至自动化的结果。

美国心理学家阿瑟·S.雷伯在其所著的《心理学词典》中将心理学中关于习惯的含义概括为四种：①一般指一种习得的动作。本义是指运动模式、身体反应，现在已不限于此，人们也常说知觉的、认知的、情感的习惯。②通过重复而自动化了的、固定下来的且无需努力就能轻而易举地实现的活动模式。③对药物的癖嗜，常用术语是药物依赖。④指特定动物物种的特征性行为模式，如"狒狒的习性"。他特别指出，最后一个意思与前面的几种意义是大不相同的，它的内涵通常是指一种天生的、物种特有的行为模式，而其他几种意思都明确含有习得的行为之意。

从心理学的解释中，可以认识到：习惯是自动化了的反应倾向或活动模式、行为方式；习惯是在一定时间内逐渐养成的，它与人后天条件反射系统的建立有密切关系；习惯不仅仅是自动化了的动作或行为，还可以包括思维的、情感的内容；习惯满足了人的某种需要，由此习惯可能起到积极和消极的双重作用。

2. 习惯的特征

关于习惯的特征这一问题，著名教育专家关鸿羽在《教育就是培养习惯》一书中进行过论述，在此结合他的论述进行简要说明。

(1) 后天性

习惯不是先天的、遗传的，而是人在后天的环境中习得的，是一种条件反射。人们可以有意识、有目的地培养良好习惯，克服不良习惯。

(2) 稳固性和可变性

习惯是一种定型性行为，一般而言，一旦形成就较难改变。但这种稳固性也不是绝对的，只要经过较长时间的强化训练和影响，即使是已经形成的较为牢固的不良习惯，也是可以改变的。有一个孩子时常生闷气，父亲就对他说："假如你不希望自己脾气暴躁，就不要培养这种习惯，不要做出任何可能助长怒气的事。"这位父亲首先让孩子设法保持安静，然后让孩子计算自己有多少天没发脾气。从原来的天天生气，到后来两天生一次气，然后三天一次，再后来四天一次……这个孩子爱发脾气的习惯起初只是减弱，后来则渐至消除。

(3) 自动性和下意识性

习惯是一个行为自动化的方式。所谓自动化，就是稳定的条件反射活动，甚至是下意识的动作。行为习惯形成以后，就不需要专门的思考和意志的努力。

从心理机制上看，习惯是一种需要。如果不这样做，就会感到很别扭。因而它具有相对的稳定性，具有自动化的作用，它不需要别人督促、提醒，也不需要自己的意志努力，是一种省时、省力的自然动作。比如清晨喝一杯白开水，如果是在父母的提醒下才去喝，只能算是一种行为，而非习惯；如果想都没想，自动地去喝一杯白开水，一天不喝就感到十分别扭，这样的行为就叫做习惯了。

（4）情境性

习惯是在相同情境下出现的相同反应，因而有情境性。养成了某种习惯的人，一旦到了特定的场合，习惯就会表现出来。比如有的小孩子只在学校爱劳动，在家里就不行了，就是受到情境的制约。

二、养成教育改变孩子一生

1. 养成好习惯终生受益

在《成长的智慧》一书中，有一则故事讲到诚实的习惯能带给人幸运，大意如下。

一位非常富有但脾气古怪的老绅士想找一个男孩儿服侍他的饮食起居，帮他做事，唯一的要求就是这个年轻人必须诚实正直。他常说："向抽屉里偷看的孩子会试图从里面取出点东西，而在年轻时就偷窃过一分钱的人，长大后总有一天会偷窃一元钱。"

很快，老绅士就收到二十多封求职信。他决定对这些孩子进行考核，四个精干的小伙子来参加最后的面试。绅士提前准备了一间房子，要求四个人逐一进去，只要在里面的椅子上安静坐一会儿就行。

第一个孩子看见桌子上摆放着一个罩子，很好奇，他掀起了罩子，里面的羽毛被气流吹得满房间都是。第二个孩子一进去就被一盘诱人的、熟透的樱桃吸引了，还拿了一个最大的放进嘴里，可是里面全是辣椒。第三个呢，看到桌子上有个抽屉没有锁，就想拉开那个抽屉，结果刚把手放在抽屉把手上，就响起一阵铃声……前三个孩子都被赶了出去。

只有最后进入房间的男孩儿哈里在房间的椅子上静静地坐了20分钟，什么也没有动。半个小时后，老绅士满意地告诉他被录取了。老绅士问他："屋里那么多新奇的东西，难道你不想动一下吗？"哈里回答说："不，先生。在没有得到允许之前我是不会动的。"

后来，哈里一直服侍老绅士，老人去世时留给他很大一笔遗产，他一直过着充实富裕的生活。

无论这个故事真实与否，都说明了一个重要的道理：好的习惯能改变我们的人生。一旦养成，便可终身受益。

青少年时期正是学习的关键时期。国内外相关研究资料表明，学习的好坏，20%与智力因素相关，80%与信心、意志、习惯、兴趣、性格等非智力因素相关，其中习惯占有重要的位置。古今中外有所建树者，无一不具有良好的习惯。

2. 养成坏习惯终生受害

在《读懂人生》一书中，作者讲了这样一个故事。

有一个理发的师傅教徒弟理光头。开始时在冬瓜上练习，用理发刀刮冬瓜皮来模仿理光头，徒弟每次练习都有一个坏习惯：把理发刀往冬瓜上一扎。师傅见后说："请你改变这一习惯。"徒弟笑曰："这又不是真头，没关系的。"三个月后，徒弟出师。给第一位顾客理光头，理完后，他又照例把理发刀往头上一扎。结果可想而知。

坏习惯常常让人们与幸运失之交臂，甚至造成不可挽回的损失。一个人如果养成了不良的习惯，便会终身受害。

有这样一个小故事。

大哲学家柏拉图有一次就一件小事毫不留情地训斥了一个小男孩儿，因为这个小孩儿总在玩一个很愚蠢的游戏。

小男孩儿不服气："您怎么为一点鸡毛蒜皮的小事而谴责我？"

"但是，你经常这样做就不是鸡毛蒜皮的小事了，"柏拉图回答说，"你会养成一个使你终生受害的坏习惯。"

人的行为习惯不好，直接影响自己的成长，给自己的形象造成阴影。不少人在公共场合不管不顾地抠鼻子、掏耳朵、打喷嚏，甚至随地吐痰，往往给人"这个人真没修养"的感觉，直接影响他们在别人心目中的形象，这难免影响人际关系，为生活带来不必要的尴尬和麻烦。

养成教育意义重大

养成教育的四种方法

一、榜样法

1. 解释

19世纪俄国教育家乌申斯基曾说："榜样对儿童的心灵是一抹非常有益的阳光，而这种阳光是没有任何东西可以替代的。"

古希腊神话中，有一个美妙的故事。

18岁的少年海格里斯，正走在人生的十字路口上。这时，他碰见了两位女神，一个叫"恶德"，一个叫"美德"。恶德女神千方百计诱惑他去追求能使人享乐一生、却有害他人的生活；美德女神则劝导他走为人除害造福的道路。最后，海格里斯听从了美德女神的呼唤，拒绝了恶德女神邪恶的诱惑，选择了始终为同胞做好事的人生之路。后来，海格里斯成长为希腊人千古传颂的英雄。

海格里斯从美德女神身上看到了美的品质，把美德女神作为榜样，自己也成为英雄。如果他以恶德女神为榜样，可能会出现完全相反的结果。看来，古希腊寓言学家说"榜样是最好的老师"并不过分。

每一个成长中的孩子，都需要一个好的榜样，好的榜样对孩子的影响力是很强的，会成为他们前进的目标和动力之源。孩子以什么样的人为榜样，他也可能成为什么样的人：当他们以英雄人物、伟人、智者、科学家等为榜样，就可能找到动力和方向，成为有用的人；当他们结交小人、盲目追星、盲目攀比、从父亲那里学会吸烟等，结果将非常糟糕。

《苏氏家语》说："孔子家儿不知骂，曾子家儿不知怒，所能然者，生而善教也。"父母是孩子天然的榜样，但是，父母除了给孩子当好榜样，也要给孩子寻找别的尤其是同龄的榜样。为什么呢？

仔细观察会发现，孩子长大一些后，常常喜欢模仿同龄人中比较优秀的、自己喜欢的人，模仿他们的言行举止。这是正常的现象。美国学者哈里斯提出的"群体社会化发展理论"认为，到了孩子的儿童期、少年期，家庭的影响渐渐在减弱、淡化，群体的影响渐渐增强。所以，每一个儿童都应该参与并认同一个社会群体，从而在群体中学习在社会公众中的行为方式。

2．案例

很多人忆及学生时代时，最难以忘怀的往往是那些可爱的伙伴。很多事实也证明，孩子有一个好的同龄榜样，终身受益。

有一位学生回忆自己高中时的同桌时说：

我高中的同桌叫赵连城，他和我住一个宿舍，我们每天形影不离，学习、吃饭、睡觉……所有的事情都在一起。我们是当年中考的前两名，他只比我高 1.5 分。我们是好朋友，也是竞争的对手。他的英语和数学比我好，我的物理和化学比他好，所以我们经常在一起讨论问题。我们在学习上互相帮助鼓励，当有一个人在学习上遇到困难的时候，另外一个总是鼓励对方。

和连城同桌两年时间，其中经历了无数的考试。记得我们的班主任数学老师经常在晚自习的时候突然进来，一脸严肃地对大家说："先把手上的东西收起来，咱们考一下！"每当这个时候，就是我和他的一次较量。我们总是在考试的过程中暗暗赛着速度，在考试的结果上赛着分数。一般的时候都是我的速度比他稍微快一点，而他的成绩比我稍高一些。

因为有了这个竞争对手，我在高中枯燥的学习中才更有动力。

大学四年和连城的联系并不是很多，但是每每打电话时，都感觉到和他的友谊之诚、之真，那些情谊和关爱正是我们的进步之源。

这样看来，榜样(尤其是同龄榜样)在孩子学习、生活中的位置十分重要。萧伯纳曾说："你有一个苹果，我有一个苹果，彼此交换，每个人只有一个苹果。你有一种思想，我有一种思想，彼此交换，每个人就有了两种思想。"刘邦也曾说："夫运筹帷幄之中，决胜千里之外，吾不如子房；镇国家，抚百姓，给馈饷，不绝粮道，吾不如萧何；连百万之众，战必胜，攻必取，吾不如韩信。三者皆人杰，吾能用之，此吾所以取天下者也。"如果孩子能与自己的榜样(尤其是同龄榜样)充分共享有利条件，就能营造出一种你追我赶的氛围，形成海纳百川的胸怀。这不仅是一种学习和竞争，也是一种高层次的人生境界。

3. 要求和原则

"孟母三迁"，为的是给孩子一个良好的环境。榜样也是孩子身边环境的一部分。给孩子选择榜样应遵循什么原则呢？

父母是孩子最天然、最近的榜样，运用榜样法，父母首先就要"正己"，想方设法从各个方面为孩子做出表率来。

除了父母外，其他人的榜样作用也是不可忽略的。也许有人说，那就"择优为邻"，找那些各方面表现都很优异的人作为孩子的榜样。这种想法无可厚非，但是不是一定要这样呢？

其实，孩子身边的伙伴，哪怕他身上有一点值得孩子学习的地方，比如学习特别认真、特别守时、很有礼貌、遵守交通规则等，都是值得孩子学习的榜样。如果刻意寻找那些最优秀的同龄人做比较，由于目标太高，反而不利于孩子的进步。因此，选择合适的目标，应当成为寻找榜样的一个重要原则。

4. 操作方法

父母自身给孩子树立榜样要注意哪些方面呢？

（1）处处严格要求自己，提高自身修养

现代教育家陈鹤琴说："做父母的不得不事事谨慎，务使己身堪有作则之价值。"父母不管做什么，不管有意无意，对孩子都是榜样。孩子最善于模仿，父母如果不注意自己的小节，言行举止不当，很容易给孩子造成负面影响。

（2）欲正人，先正己

就是说，父母要求孩子做到什么，自己首先要做到。一个言而有信的父母才能培养出讲诚信的孩子；一个邋里邋遢的父母很难培养出喜好整洁的孩子。无论做人、做事还是学习、生活，都应该先用同样的要求去要求自己，再去要求孩子。否则，让孩子做这做那，自己却得过且过，孩子怎么会愿意听你的话呢？

（3）身教重于言传

很多时候，孩子更愿意看看父母是怎么做的，而不是听父母说。因此父母最好少"说"多"做"，父母做了什么比说了什么更重要。比如要教育孩子诚实，父母首先做一个诚实的人，比说一千遍、一万遍的大道理有用得多。父母身体力行，做一个品格高尚的人，再也没有比这更重要的事情了。

而父母在为孩子选择好的榜样时要注意哪些方面呢？如何才能帮助孩子把握好交往的"度"，找到合适的榜样呢？

（1）全方位了解孩子

这一点是很重要的。父母要明确：孩子有哪些优点？哪些不足？在哪些方面有待改进？对什么更感兴趣？比如孩子在清洁卫生方面有待改进，不妨让孩子交一些卫生习惯很好的朋友作为榜样；孩子喜欢阅读，不妨让他们与那些同样具有阅读兴趣的伙伴多交往，在交往中交流读书心得，等等。

很重要的一点是，了解对方的情况。条件允许的话可以了解一下对方的家庭背景。家庭环境对一个人的影响非常重要，通过他的家庭可以更加了解孩子的朋友。

（2）与孩子多沟通

一般情况下，父母不应轻易反对孩子的正常交往，不过很多父母总是希望孩子与"好孩子"多交往。但是，孩子的衡量尺度可能和父母有所偏差，但他们的意见也值得考虑。如果孩子不听父母的意见，父母应该怎么办呢？

首先，要让孩子理解父母的出发点是为他们好。

一般而言，父母觉得孩子的朋友坏，无非是因为他们身上缺点较多，怕他们影响孩子的学习和生活，父母完全可以在尊重孩子的前提下说明自己的担忧，表明立场，只要态度真诚，孩子是会考虑父母的意见的。

其次，可以见见孩子的朋友。

也许你并不喜欢孩子的朋友，但硬要强行阻止他们交往是不好的。你可以请孩子的朋友到家里来，近距离地了解他，然后还可以结合具体的情况给孩子的行为加以指导。

（3）为孩子规定一些行为原则

孩子判断是非的能力有限，而父母又不可能一直跟着他们，所以，父母有必要告诉孩子和朋友在一起的时候什么事情可以做，什么事情不能做。比如，父母不在家的时候，可以请朋友到家里来玩，但是不要随便翻家里的东西，要注意用电安全，等等。

（4）鼓励孩子和自己的榜样共同进步

榜样的力量是无穷的。"三人行，必有我师"。由于孩子各自的局限，常常是你在这点比他好，他在那点比你强，大家各有优势，不相上下。这种情况下，孩子们可以互为榜样，学习他人身上的优点，克服自己身上的缺点，同时以自己的优秀之处影响别人，帮助别人进步。父母既要鼓励孩子进步，也要提醒孩子，千万不要被别

养成教育的四种方法

人身上的缺点或坏毛病影响，好习惯没养成，坏毛病又形成了一大堆，这就背离了初衷。

二、训练法

1. 解释

英国著名教育家洛克曾说过这样的话："儿童不是用规则教育可教育好的，规则总是被他们忘掉。你觉得他们有什么必须做的事，你便应该利用一切时机，甚至在可能的时候创造时机，给他们一种不可缺少的练习，使这些练习在他们身上固定起来。这就可以使他们养成一种习惯，这种习惯一旦养成以后，便不用借助记忆，很容易地、很自然地发生作用了。"

这段话非常明确地指出了练习(也就是训练)的作用。可以说，没有训练，就没有习惯。习惯必须经过长期的、反复的训练才能形成。

篮球巨星乔丹曾为了一个单手投篮习惯而靠墙苦练三个月，时装模特为了一个台步习惯甚至苦练终身。"万丈高楼平地起"，要想形成良好的习惯，首先要经过严格的训练。

训练对于小孩子来说是很重要的，因为小孩子常常不大能明白一些大道理，但这时若能给予他们很好的训练，让他们在实践中逐渐体会那样做的好处，等到他们长大了，自然也就明白了其中的道理。而此时，良好的习惯也已经养成了。

古今中外的教育家都强调训练的重要性。因为习惯是条件反射长期积累和强化的结果，而训练恰恰是最合适的、也是最有效的手段。实践证明，再好的理想，一味地空想而不去脚踏实地地做，永远不可能到达胜利的彼岸。

2. 案例

历史上，大凡有所成就者，无不与足够的训练有关。

曾获得 1969 年诺贝尔化学奖的英国有机化学家巴顿，小时候就得益于父亲将他从"蜜罐"送入"火坑"，接受了严格系统的训练，最终得以走向成功之路。

巴顿出生于一个富足之家，是全家宠爱的独子。上小学时，他被送进一所走读学校，但因为那里环境与家里完全不同，老师也不像家中长辈那样百般呵护他。小巴顿很不适应，学习很糟糕，与同学关系也紧张。父亲感觉这对小巴顿的成长不利，于是在他刚刚 10 岁时，把他送到一所寄宿制学校。

这所封闭式学校实施军事化管理，学生们都过着军营型的生活。早晨，只要钟声一响，学生们就要以最快的速度起床、穿衣服、叠被子、刷牙洗脸、出操跑步，日日如此。如果跟不上节奏，就会受到惩罚。即使在寒冷的冬天，也要用凉水洗漱。伙食也就勉强算得上是"粗茶淡饭"……小巴顿简直是从天堂掉进了地狱。

由于条件确实艰苦，小巴顿对这所寄宿学校更不适应，每逢星期一早晨送他去上学时，他就大哭大闹，不愿意去上学，希望父亲能给他重新换一所学校。折腾了几个星期，小巴顿瘦了很多。母亲和姑姑对他父亲的做法很不理解。但父亲仍然坚持，始终认为磨难和锻炼对巴顿不是坏事，反而是一道十分有益的"营养剂"。

这段生活为巴顿日后事业的成功打下了良好的基础，为此，巴顿成名之后十分感谢父亲当年给自己吃的这些苦头。可以想象，若是一点苦头都不能吃，一点委屈都不能受，他怎能承担起科学研究的重任？怎能耐得住科学研究的辛苦和寂寞呢？

王羲之、王献之父子是我国历史上著名的书法家，被称为"二王"。他们的故事是人们耳熟能详的。

王献之是王羲之的第七个儿子，自幼聪明好学，在书法上专攻草书、隶书，也善画画。由于众人的夸赞，他不禁有些飘飘然起来。

一天，献之问母亲："我只要再写上三年就行了吧？"母亲摇摇头。"五年总行了吧？"母亲又摇摇头。献之急了："那您说究竟要多长时间？""你要记住，写完院里这18缸水，你的字才会有筋有骨，有血有肉，才会站得直，立得稳。"献之回头，原来父亲站在了他背后。

献之不服，啥都没说，一咬牙又练了5年，把一大堆写好的字给父亲看，希望听到几句表扬的话。谁知，王羲之一张张掀过，一个劲地摇头。掀到一个"大"字，父亲现出了较满意的表情，随手在"大"字下添了一点，然后把字稿全部退还给献之。

献之仍不服，又将全部习字抱给母亲看，母亲认真地看了3天，最后指着王羲之在"大"字下加的那个点儿，叹了口气，说："吾儿磨尽三缸水，唯有一点似羲之。"

献之听后泄气了。母亲见他傲气已经消尽，鼓励他坚持不懈地练下去。功夫不负有心人，献之练字用尽了18大缸水，在书法上突飞猛进。后来，他的字也到了力透纸背、炉火纯青的程度，和父亲王羲之的字并列，被人们称为"二王"。

倘若没有这样严格艰苦的训练，恐怕历史上就没有"二王"的出现了。

3. 要求和原则

(1)"苦练"与"趣练"相结合

孩子养成良好习惯以后是非常愉快的，但要养成好习惯，把不经常出现的行为训练成经常出现的行为，则是一个十分艰苦甚至是"痛苦"的过程，需要咬着牙战胜许多困难，更要经过许多枯燥单调的练习。特别是针对已经形成的不良习惯，矫正起来颇有些"难于上青天"的味道，要克服很多难以想象的困难，不少人半途而废，功亏一篑。

虽然如此，我们并不提倡苦行僧式的训练，如果孩子光是苦练，过不了多久就会感到厌烦。所以，不妨"苦练"与"趣练"相结合，采取一些有趣的形式，如通过游戏、活动、竞赛、绘画等途径，不断变换形式来进行训练。

例如培养使用礼貌用语的好习惯，就可以在不同的场合来进行，抓住去商场购物、乘车买票、外出游玩等机会，提醒和训练孩子在不同的场合使用好礼貌用语。如乘车时不小心踩到了别人的脚，要诚恳地向对方道歉，说声"对不起"；售票员递过来车票，最好道一声"谢谢"；中途下车跟朋友分别，要记得说"再见"，等等。这种自然的生活场景对孩子培养良好习惯十分有利。

（2）严格遵守，不能放松

训练的过程是痛苦的，即使孩子不愿意，也要鼓励他咬着牙坚持下去。训练需要一个过程，因为好的习惯往往需要较长的时间来巩固，不可能一蹴而就。

严格的训练要避免情绪化。千万不要一高兴就放松了对孩子的要求，或者是因为心情不好而对一个小细节斤斤计较。没有相当的磨炼，很难养成好的习惯。不同行为习惯有不同的标准，确定标准之后，就要严格遵守，不能放松。

（3）持之以恒，坚持到底

捷克教育家夸美纽斯说过："一切存在美的东西其本性都是在娇弱的时候容易屈服，容易形成，但是长硬以后就不容易改变了。""前紧后松"、"一曝十寒"、"三天打鱼两天晒网"等在习惯培养中都是不可取的。

习惯培养是一个持之以恒的过程。如果不坚持，今天训练，明天放假，行为就难以变成自动化的习惯。培养习惯是个长期工程，一个好习惯的养成，往往需要漫长的时间。

由于人的行为往往具有惯性，在一段时间的训练之后，如果稍加放松，孩子就会出现反复。所以，在进行训练时，一定要反复抓，

养成教育的四种方法

不能放松，即使孩子在某种行为上已经表现很好了，还是要反复抓。

4. 操作方法

关于如何运用训练法，关鸿羽教授在《教育就是培养习惯》一书中曾作了详细的阐述，这里结合该书进行说明，供大家参考。

（1）目标明确，要求具体

良好的行为习惯只有通过反复的分解操作练习，才能形成自然的、一贯的、稳定的动力定型，有些操作过程较复杂的行为要求，可采用分解操作。

如学习洗衣服这项训练内容，要求较高，过程较为复杂，在训练时不妨分为四个步骤：一浸泡，二揉搓，三漂洗，四晾晒。在进行训练之前，最好是先让孩子观察父母是怎样洗衣服的，父母洗衣服的时候应给孩子讲解洗衣服的要领，然后再让孩子自己动手，这样形成的印象往往比较深刻。

再比如使用文明礼貌用语时，说"谢谢"二字，虽然看起来很简单，但是要注意的细节其实很多。这时，不妨根据自己的实际生活经验给孩子一些适当的建议，如：

首先，说"谢谢"时必须诚心诚意，发自内心，要让人听起来不做作，不生硬，不是为应付人家，而是真心实意地感谢，只有真心才能使"谢谢"二字富有感情。

第二，说"谢谢"时要认真、自然，要让人听清楚，不要含含糊糊，不好意思，更不要轻描淡写地凑合，好像不太情愿、应付差事。

第三，说"谢谢"时要注意对方的反应。如果对方很高兴，就是达到目的了；如果对方对你的致谢莫名其妙，就要说清谢人家的原因，以使对方感到你的真情实意。

第四，说"谢谢"时要用整个身心说，除了嘴里说以外，头部要轻轻地点一下，眼睛要注视着对方，而且要伴以适度的微笑。

第五，别人帮助自己解除了困难之后，应表示谢意。表示的方式可以说"谢谢"、"多亏您帮助"，也可以握手致谢，还可以赠物致谢。

表达谢意的方式因人、因场合而异，一定要根据实际，选择最恰当的行为方式，这样的训练才能既规范又不机械。

（2）层次分明

由于青少年年龄层次不同，各个年龄段掌握良好习惯的要求也就不同。如养成"文明乘车"的习惯时，最好是先训练孩子上车能主动买票、乘车时不向窗外扔杂物、不把头伸出车厢外等较为基础的要求，然后再进一步要求孩子能主动为乘客让座、为乘客传票等更多的要求。

（3）及时检查

只有要求而没有检查，要求就容易落空，因此检查和评价必须坚持经常性。比如训练做作业仔细认真就要天天检查，哪天写不整齐就要求哪天的作业重做，一点也不能马虎，最好是准备一个专门的本子，对作业的情况进行登记，以便一个阶段作一次总结。再比如让孩子养成每天早晨自己叠被的好习惯，就要每天检查他的被子叠了没有，叠得整不整齐，发现没有叠或叠得不好，一定要及时纠正，这样训练才能形成好的习惯。这些工作虽然比较琐碎，但是必须长期坚持。

三、层次目标法

1. 解释

循序渐进，按步骤进行，是我们做事情要遵循的基本规律。所谓层次目标法，就是在培养孩子养成良好习惯的时候，要根据孩子的年龄和心理特点，按照层次将较大的目标分解成一个个小目标，这样孩子便能由浅入深、由简到难地渐渐养成好习惯。

有的父母过于心急，恨不得孩子在朝夕之间就能变个模样。大人都做不到的事情，要求孩子去做到，岂不可笑？一会儿让孩子做这个，一会儿让孩子做那个，甚至想让孩子一步登天，这非但不能培养孩子养成好习惯，反而让孩子无所适从。时间久了，还会引发孩子对父母的反感和不信任，使养成好习惯难上加难。

中国科学院心理研究所张梅玲研究员曾经指出：习惯之间不能机械地用年龄划分开，比如几岁到几岁培养学习习惯，几岁到几岁培养做人习惯，只能说根据孩子的年龄特点和心理发展特点，在不同年龄阶段要有不同的要求，在要求、水平、层次上要有差异。

孩子不是"标准件"，习惯培养要注意孩子的性格特点和心理特点，要考虑到每个孩子都是不一样的，要尊重他们的个体差异，而不是用同样的标准要求不同的孩子。

2. 案例

"天下大事必成于细，天下难事必成于易。"从最简单的开始做起，往往能帮助孩子获取更多的自信，同时使他们在学习和工作中，投入更多的热情。

有一个小故事。

一位著名的大学教授多才多艺，当有人问他为什么能把曲子拉得如此流畅时，他说："我是这样来练习的。每当练习曲目前，必定先了解曲目是由几小节构成。比如，准备练习 30 小节，一天练习一小节，一个月即可练习完毕。不过，我并非从头到尾依次练习，而是从最简单的一小节开始，第二天，再从所剩的 29 节中挑选最简单的练习。用这种方法练完整首曲子，不但轻松自如，而且还在练完之后找到了各个小节之间的呼应关系，从整体上理解了这首曲子的境界。"

从心理学上看，这位大学教授的练习法是非常合理的。因为人总是具有惰性，往往会找出各种借口逃避学习和工作，尤其是有一些难度的学习和工作。而这位教授的方法恰恰满足了人的成就感，每完成一小节，就增加一份信心。

设定一个正确的目标不容易，实现目标更难。把一个大目标科学地分解为若干个小目标，落实到每天中的每一件事上，不失为一种大智慧。

两次在国际马拉松邀请赛中夺冠的日本选手山田本一在比赛中，就运用了一种十分巧妙的目标分解方法。

1984年，在东京国际马拉松邀请赛中，名不见经传的日本选手山田本一出人意料地夺得了世界冠军。当记者问他凭什么取得如此惊人的成绩时，他说了这么一句话：凭智慧战胜对手。

当时许多人都认为这个偶然跑到前面的矮个子选手是在故弄玄虚。马拉松赛是体力和耐力结合的运动，只要身体素质好又有耐性就有望夺冠，爆发力和速度都还在其次，说用智慧取胜确实有点勉强。

两年后，意大利国际马拉松邀请赛在意大利北部城市米兰举行，山田本一代表日本参加比赛。这一次，他又获得了世界冠军。记者又请他谈谈经验。

山田本一性情木讷，不善言谈，回答的仍是上次那句话：用智慧战胜对手。这回记者在报纸上没再挖苦他，但对他所谓的智慧还是迷惑不解。

10年后，这个谜终于被揭开了，他在他的自传中是这么说的：每次比赛之前，我都要乘车把比赛的线路仔细地看一遍，并把沿途比较醒目的标志画下来，比如第一个标志是银行；第二个标志是一棵大树；第三个标志是一座红房子……这样一直画到赛程的终点。比赛开始后，我就以百米的速度奋力地向第一个目标冲去，等到达第一个目标后，我又以同样的速度向第二个目标冲去。四十多公里的赛程，就被我分解成这么几个小目标轻松地跑完了。起初，我并不懂这样的道理，我把我的目标定在 40 多公里外终点线上的那面旗帜上，结果我跑到十几公里时就疲惫不堪了，我被前面那段遥远的路程给吓倒了。

很多时候，孩子做事之所以半途而废，往往不是因为难度较大，而是觉得成功离自己太远，确切地说，不是因为失败而放弃，而是因为倦怠而失败。在人生的旅途中，如果稍微具有一点山田本一的智慧，一生中也许就会少许多懊悔和惋惜。

3. 要求和原则

我们看看北京教育学院关鸿羽教授结合青少年的年龄特点和性格特征而提出的几条原则。

（1）运用"循环说"理论

行为习惯的形成需要长时间的循环反复，是螺旋上升的。低年级训练过的，到了中高年级还要经常重复训练，否则很难巩固。因此，如果孩子小的时候已经培养过某些习惯，父母依然不要放弃，可以选择不同的时间进行循环，每过一段时间就有意识地强化一下。

（2）运用"阶段说"理论

习惯形成各有不同的关键期，小学低、中、高年级有各自的训练重点，可以抓住各种习惯形成的关键期来进行教育。在不同的年龄阶段，要选择适合本年龄阶段的习惯进行培养，不能心急。

（3）运用"中心扩散说"理论

行为习惯是一个纷繁复杂的体系，要把所有的行为习惯都在短时间内培养好是不可能的。因此，在培养孩子的习惯时，就要抓主要的习惯进行培养。重点习惯培养好了，就可以带动其他好习惯的形成。

4. 操作方法

(1) 了解孩子的成长规律

孩子的成长是有一定规律的，父母在培养孩子养成良好习惯的时候，不能只根据自己的主观愿望办事。

《儿童教育就是培养好习惯》一书对此进行了举例说明。

根据儿童心理学研究，左右儿童观念的形成和发展需要经过 3 个阶段。第一阶段，5 岁~7 岁。儿童以自我为中心辨别左右，因此能够分清自己的左右手。直到 7 岁左右才可以分清站在他们对面的人的左右手。第二阶段，7 岁~9 岁。儿童能对直观、形象的事物分清左右空间关系，形成直观表象，并能初步掌握左右方向的相对抽象性，但对非直观、抽象的空间关系还比较模糊。第三阶段，9 岁~12 岁，儿童能够形成左右方位的抽象概念，能根据表象、记忆建立其空间关系。从上面的发展规律来看，儿童从小到大，对空间和距离的知觉是逐渐完善起来的。因此，对小学低年级的学生来说，如果要他们理解几何图形结构及其空间关系，要他们理解圆形，老师要先讲解皮球；理解长方形，老师要先讲解电视机等，这样把实物和概念连接起来，他们才能逐渐理解。

孩子的成长和认知发展是有规律可循的，在不同的年龄阶段要有不同的要求，因此父母在培养孩子养成好习惯的时候，一定要讲究科学性，了解、尊重、利用好孩子的成长规律，少走弯路。

(2) 分层次确定目标

例如，同样是要培养小学生"认真写字"的习惯，对于低年级的孩子，就要求他们保持正确姿势，一笔一画地认真写清楚；对于中年级的孩子，就要求他们不但要认真写，还要尽可能做到整洁美观；对于小学高年级的孩子，就要求他们树立一定的汉字意识，做到写出的字有一定的"艺术性"。有了这样的要求和层次，孩子就比较容易一步一步去做，容易达到目标。

(3) 目标分解要具体

山田本一的成功表明，目标不仅要分解，而且要具体。有人做过这样一个试验，他把人随机分成两组，让他们去跳高。两组个子都差不多，先是一起跳了 1.2 米，然后把他们分成两组。对第一组说："你们能跳过 1.35 米。"而对另一组说："你们能跳得更高。"然后让他们分别去跳。结果，第一组由于有 1.35 米这样一个具体要求，他们每个人都跳得很高。而第二组没有具体的目标，所以他们大多数人只跳了 1.2 米多一点，不是所有的人都跳过了 1.35 米。由此可见有没有具体目标的差别。

在培养孩子养成好习惯时，我们要帮助孩子学会把大目标分解成小目标，把远目标变成近目标，把模糊的目标变成具体的目标。

四、家校合作法

1. 解释

大家都知道，教育不只是家庭的事，也不只是学校的事，所以光靠父母和老师某一方的力量，要想教育好孩子是不够的，必须要联合父母和老师的力量，让家庭和学校的步调一致，劲儿往一处使。在这样的环境里，孩子会成长得更好。

在培养孩子养成好习惯时，我们也提倡"家校合作"。尤其提倡父母和学校主动配合。父母只有及时与学校沟通，并相互做好配合，才能改变孩子的不良习惯，把孩子培养成为一个具有健康人格的人。

2. 案例

在《不输在家庭教育上》一书中，有一则《家务劳动承包合同》的案例，大意是这样的：

四年级学生正在与家长举行《家务劳动承包合同》的签订仪式。在班主任的协调下，全班学生与家长一一对应，认真商讨起来。有的学生选择了洗衣扫地，有的选择了洗菜、烧饭，大多数学生都选了两三个项目作为承包内容。双方在合同书上郑重地签上了自己的姓名。校长和大队辅导员应邀担任了双方的见证人，在每一份合同上盖上了公章。

老师说："这次家务劳动承包为期3个月，主要是为全班同学提供一个劳动岗位，促使大家学本领、练毅力、尽义务，从小懂得信守自己的诺言。我们也希望各位家长积极支持，帮助和督促子女学做家务，同时也应避免给子女过重的负担。希望双方共同履行合同。"

在这个基础上，学校还印发了"家务承包中期联系卡"，请班主任走访部分家长，督促家长履行合同。

从此，全班同学的家务劳动热情高涨起来，不少人除了坚持完成合同规定的家务外，还主动帮父母做其他力所能及的事，还有人悄悄地学会了几手"绝活"……

看，很多父母为之头疼的问题，通过家校合作，就变得十分轻松了。父母和老师在教育孩子方面是站在一条线上的。父母和老师对孩子有着共同的爱心，教育目标也是一致的，都是为了孩子好，为了让孩子健康成长。最好的办法当然是形成合力，争取最大的效果了。

其实，上面的这个案例也是前面"行为契约法"的延伸。通过家校合作，契约也发挥了最大的效用。

3. 要求和原则

父母与学校沟通配合，一个重要的原则就是要注重协调，并形成教育合力。

20世纪70年代，德国科学家赫尔曼·哈肯创立的"协同论"，不仅在自然科学和社会科学领域里取得了瞩目的成效，在教育领域里也得到了广泛认可。该理论认为：任何一种事物都是由许多相互联系、相互制约的要素组成的系统，当各种相互作用、相互依赖的关联要素彼此协调、合作、同步一致、相互补充、相得益彰地向同一目标运动时，就会形成整体合力，就会产生大于各个要素孤立相加的力量，这就是所谓的协调效应。

1+1 不会简单地等于 2，必须形成合力，才会产生协调效应，也才可能使 1+1>2。有很多人常说"5＋2＝0"，就是讲学校和家庭的教育相互抵消，没有发挥出作用。

4. 操作方法

父母该怎样主动和学校沟通呢？北京市教育科学研究院冉乃彦研究员给父母提出了一些有用的建议，具体如下。

（1）主动联系

父母往往认为老师很忙，如果总是和老师联系，老师会因为工作繁忙而没有时间接待，或者感觉被打扰。其实，老师的主要任务就是教育孩子，如果父母主动与老师联系，老师会感到非常高兴的。因为通过沟通，会更方便老师了解孩子的全面情况。一个班主任整天要面对几十个孩子，任务很重，不要说是家访，就是给每个孩子的父母打电话，也要耗费好多时间。父母与老师沟通，重要的是把孩子生活、学习、发展中出现的重要信息告诉老师，及时与老师交流，了解孩子在学校里的情况，及时与老师配合，或者获得老师的有效配合。

（2）经常联系

父母千万不要忽视针对孩子的点滴进步与老师交流，更不要等问题成了堆再去和老师联系。平时，孩子的发展是一种平稳的量变过程。但是质变就孕育其中。要想发现微小的变化，抓住闪光点，在萌芽状态时实施教育取得事半功倍的效果，就必须与老师经常联系。

如果可能，父母最好能够与老师定期保持联系。这样，每一次联系就会变得越来越简单，时间短而且有效果。由于是经常联系，不必每次都介绍前面的情况，只需突出主题，交流新情况，研究新措施即可。

经常联系，还可以使双方增进了解，发展友谊。很多父母在和老师的交往过程中，成为很要好的朋友。

（3）适时、适度联系

父母与老师沟通的频率，可以根据孩子的情况来定，但也要尊重老师的意见。一般一周或两周联系一次就可以了。如果联系过密，会给老师增加负担。联系过疏，则不容易了解孩子的情况。

父母与老师的联系方式，一般可以通过电话进行。何时打电话，要根据老师的工作和生活规律来定。如果是课间 10 分钟打进去电话，老师急着准备上课，匆忙说两句，效果肯定不好。最好打通电话后先询问："我现在准备和您交谈几分钟，您看方便吗？"父母也可以与老师商量一个固定的时间。

与老师交流的时候，父母要有所准备，尽量避免东拉西扯地聊天，最好直奔主题。父母不要光顾着自己说，还要注意听老师的意见，不仅要询问孩子在学校的情况，还要提出自己的措施，也征求老师的建议。

（4）对交流内容要进行教育性的加工，化消极为积极

双方交流的内容，父母切记不要简单地、直接地传达给孩子。有些内容只是教育者了解就可以。必须让孩子知道的，也不要给孩子一种"告状"的感觉。比如，老师提到孩子最近上课走神儿，父母就应该对这个信息进行加工，对孩子讲："老师真喜欢你，他发现你最近上课有时走神儿，可为你着急了。老师觉得你从来都是专心听讲的，是不是没休息好？"

养成教育的四种方法

（5）如果出现了误解，解决的原则是——有利于孩子健康成长

老师也不是神仙，难免出现失误，例如老师误解了孩子，或者解决问题的方法不当。这时父母首先要做到诚恳地承认并重视孩子自身确实存在的缺点，而不是急于大讲孩子的优点；二要在理解老师的基础上去看问题；三要摆出事实，语言委婉但观点鲜明地提出自己的看法；四要给老师改正失误的余地。

第二部分

养成教育序列化训练方案

习惯一：

把一件事情做到底

一、导入部分

1. 理念

意志是所有成功的先决条件。

很多人可能常常被这样的情形困扰：每次定下目标，要么在行动之前就将计划抛在脑后，要么一行动就"虎头蛇尾、有始无终"。究竟是什么让希望化为泡影？

关键在于他能不能"把一件事情做到底"，即无论出现什么困难，都不忘记自己的目标，坚持不懈地努力，直到最后成功。

做任何事情，只要能坚持做到底，成功就会在不远的地方等待你。马克思写《资本论》花费了 40 年时间，李时珍完成《本草纲目》用了 30 年，司马迁编写《史记》用了 20 年……如果没有"做到底"的精神，他们怎么会英名长存？

您可以让孩子也问一问自己：

学习时，我能一如既往地保持兴趣和热情吗？能每天都坚持预习和复习吗？会严格地执行学习计划吗……

生活上，我能坚持锻炼身体吗？能每天按时起床吗？能坚持每个星期帮父母做点家务吗……

奇迹的产生，往往源于"把一件事情做到底"。

2. 描述

（1）把简单的事情做好，就是不简单

如果您是个有心人，肯定不难发现：有的人梦想一飞冲天，却对简单的事情不屑一顾，结果常常原地踏步；有的人默默无闻，但始终坚持把简单的事情做好，结果总是能如愿迈向成功。其实，这里面隐藏了一个奥秘，那就是，把简单的事情做好，就是不简单。

有一个经典的教育案例：

古希腊大哲学家苏格拉底，思想深邃，思维敏捷，关爱众生又为人谦和。许多青年慕名前来向他学习，听从他的教导，都期望成为像老师那样有智慧的人。他们当中的很多人天赋极高，都希望自己能脱颖而出，成为苏格拉底的继承者。

一次，苏格拉底对学生说："今天我们只学一件最简单也是最容易的事，每个人都把胳膊尽量往前甩，然后再尽量往后甩。"苏格拉底示范了一遍，说："从今天起，每天做300下，大家能做到吗？"学生们都笑了，这么简单的事有什么做不到的？

第二天，苏格拉底问学生："谁昨天甩胳膊300下？做到的人请举手！"几十名学生的手都哗哗地举了起来，一个不落。苏格拉底点头。一周后，苏格拉底如前所问，有九成的学生举手。过了一个月后，苏格拉底问学生："哪些学生坚持了？"有一大半的学生骄傲地举起了手。

一年后，苏格拉底再一次问大家："请告诉我，最简单的甩手动作还有哪几位同学坚持了？"这时，整个教室里，只有一个学生举起了手，这个学生就是后来成为古希腊另一位伟大哲学家的柏拉图。他继承了苏格拉底的哲学并创建了自己的哲学体系，培养出了堪称西方孔夫子的大哲学家亚里士多德。

与"每天甩手300下"一样，许多看似简单的事情，其实际的意义并不在于事情本身，而在于做这件事情的过程对人的意志品质

的修炼。一如既往地做好简单的事情，是坚持，是积累。时间长了，便会内化成为人的一种韧性。

（2）**克服急躁，静下心来做一件事**

任何事情都有它的时间表，做事情需要克服急躁。耐心等待是一种智慧。

在《成长的智慧》中，有一个故事是这样的：

曾经有一个著名的保险推销员，在他的退休大会上，有人问他推销保险的秘诀是什么。他微笑着说一会儿就告诉大家。所有的人都企盼着。

这时，从后台出来4个强壮的男人，合力抬出一座铁马，铁马颈下挂着一只大铁球。所有的人都不明白接下来要做什么。

推销员走上台，没说话，敲了铁球一下，铁球纹丝不动；隔了5秒，他又敲了一下，还是没动。于是他每隔5秒就敲一下，持续不停，但是铁球还是一动不动。

时间已经过去半个小时。他还没有说话，铁球还是纹丝不动。人群开始骚动，陆续有人离开。

推销员还在敲铁球。人愈走愈少，最后只剩下零星几个。这时，大铁球终于开始慢慢晃动了。40分钟后，铁球大幅度摇晃起来，任何人都没法使它停下来。

推销员最后说："这就是我送给你们的秘诀。坚持必然会有结果。但只有有耐心的人才可以得到这个秘诀。"

世界上没有一步登天的事。不急不躁，心平气和，审时度势，才能更长久地坚持下去。

（3）**善始善终，画句号是每一个人应该掌握的事情**

也许很多孩子都有类似的经历：数学考试只剩下最后一题，前面的每一个步骤都很顺利，马上就能得出最后结果了，他很高兴，心想拿满分绝对没问题，于是没在草稿纸上演算一下就自信地写下答案，匆匆交卷。可是，他的满分梦破碎了，而罪魁祸首就是那最后的一步！

其实他心里明白，最后的那一步真的非常简单，只要稍微认真点就不可能出错，但他还是错了。

幸运总是降临在意想不到的时刻，但也会因为人们最后关头一点点的漫不经心而离去。告诉孩子，从做事开始，再以做事结束，牢牢锁定目标，才能画出圆满的句号。

在《读懂人生》中，有这样一个故事：

有个老木匠准备退休，他告诉老板，说要离开建筑行业，回家与妻子儿女享受天伦之乐。老板只得答应，但问他是否可以帮忙再建一座房子，老木匠答应了。

在盖房过程中，大家都看出来，老木匠的心已不在工作上了。他用料也不那么严格，做出的活计也全无往日水准。

老板并没有说什么，只是在房子建好后，把钥匙交给了老木匠。

"这是你的房子。"老板说，"我送给你的礼物。"

老木匠愣住了，同样，他的后悔与羞愧大家也都看出来了。

他这一生盖了多少好房子，最后却为自己建了这样一幢粗制滥造的房子。

有时候，我们离成功仅仅一步之遥！但如果善始不善终，就很可能使那小小的一步成为无法逾越的鸿沟。这就好比一个人爬梯子摘树上的苹果，不论他之前付出了多少汗水，哪怕离甜美的果实只有一毫米，也要小心翼翼，蹬稳梯子，伸手去采摘，才能有所收获。若只看到眼前的果实，忽略脚下的梯子，得意忘形，摇摇晃晃，那他很可能会摔得很惨，让之前所有的努力付之东流。

（4）越挫越勇，在磨难中寻找勇气

磨难本身不是好事，但如果能在磨难中百折不挠、越挫越勇，那么，它就是财富。

我们看看他们是怎样做的：

爱迪生为试制灯泡的灯丝就试用过几千种材料，其中的失败足以让他放弃此试验，但正是"百折不挠"的精神使他获得了"光明使者"的称号。如果爱迪生试过几种材料后就打道回府，那么发现制灯丝的最佳材料的将是另一个人了。

清代著名小说家蒲松龄在多次考试不及第后，开始用写作向生活挑战，终以《聊斋》名扬天下。如果蒲松龄考试失利后不去著书而去务农，恐怕浩浩青史会失去几分灵光。

历史上赫赫有名的威灵顿将军，在一次兵败后，做了自我调整，后来他重振旗鼓，打败了对手拿破仑。如果威灵顿将军兵败后愤懑自杀，恐怕历史上就会少去滑铁卢战役的著名史迹。

阿尔伯特·爱因斯坦据说是世界上最聪明的人，他说的一句话常常被人引用："月复一月，年复一年，我想了又想，但有 99 次的结论是错的，不过，第 100 次总算对了。"由此可见，在挫折面前，越是勇敢地坚持，越能稳健地站立。

二、21 天训练方案

1. 训练要点

（1）保持适当的节奏

把一件事情做到底，需要坚持不懈地努力，即使面对再严峻的困难也不退缩。

但，提倡坚持不等于主张蛮干。

就像是长跑，起跑时冲在前面，并不意味着最后的胜利。如果起跑过猛或过于用力，一味赶超，很可能跑到中间就体力不支了。长跑最重要的是在耐力的基础上保持适中的节律，这样到最后还有力气冲刺，反而能取得好成绩。

要做好事情，需要一步步来，需要每天坚持积累。而不是一想到做什么事情，就恨不得马上做完，甚至还占用了吃饭、睡觉的时间，可没过几天就没了兴致，总是"三天打鱼，两天晒网"。

最适当的节奏因人而异。比如同样是"坚持锻炼身体"，对于身体素质好的人来说，每天早晨跑 3000 米，下午打一场篮球，每周末登一次山可能是较为适当的节奏；而对于身体素质稍差一些的人，可能每天跑 1000 米，每周游一次泳更为合适。

(2) 及时巩固成果

孩子从小到大都在养成习惯。但养成一个好的习惯并不容易，尤其是在困难找上门的时候，要想继续坚持下去，更是需要极大的勇气。

那么，怎样帮助孩子获得勇气呢？

最好的手段就是告知他们经常总结，及时巩固成果。比如孩子平常的学习，如果能做到每周、每月、每日都有一定程度的总结，考试的时候自然心中有数；但若是平时不注意总结和复习，要考试了，就会觉得知识像一团乱麻，成绩自然不会好到哪里去。

孩子及时总结取得的成绩，才会更清楚地了解自己的进步，相信自己一定能有所进步。与此同时，他们还能发现自身存在的问题，想办法克服它。这样，面对挫折，他们才会更相信自己的能力，相信一定能转败为胜。

习惯培养中的反复是正常的，困难更是在不经意间时常出现，越是接近成功，越需要更强的毅力和坚持，否则便会"功亏一篑"。

(3) 静心

良好习惯的养成需要较长时间的努力，必须要坚持到底，永远不放弃自己的追求，付出几个星期、几个月、几年甚至是几十年的努力，才能最终收获胜利的美果。

但静心并不容易，对青少年来说更困难。但仍然需要他们努力去做。取得成绩不张狂，遇到困难不急躁，经受失败不自暴自弃。告诉孩子，最重要的是保持一颗平静的心，把成绩看淡些，把困难看开些。如果孩子实在安静不下来，可让他们试一试深呼吸、大声呼喊、长跑、登山这样的活动。

2. 方法和步骤

(1) 帮助孩子确定合理的目标

很多时候，孩子对自己的能力和现状了解不足，所以常常并不是很清楚自己的目标。那么，如何帮助孩子确定合理的目标呢？我们可以从以下四个方面来引导孩子努力。

一是要孩子明白自己最喜欢干什么。

祖冲之小时候对读经书很不感兴趣，父亲对他很失望，但祖父却发现了他的兴趣所在，鼓励他研究天文历法。后来，祖冲之制定了较符合天象的《大明历》，计算出当时全世界最为精确的圆周率数值，制造了灵巧的指南车，成为一名科学家。与兴趣相结合，目标才会更加有效。比如孩子很喜欢打篮球，但你却让他天天去长跑，他一定很难坚持。

二是应该让孩子知道自己最擅长什么，有哪些不足。

清楚地认识这些优缺点，能帮助孩子在确定目标时扬长避短，既不好高骛远，也不自暴自弃。目标的制定要量力而行，最好是"跳一跳，够得着"，而非"不费吹灰之力"或"遥不可及"。在不同的年龄段，目标的层次会有所区别，比如同样是每天坚持预习，小学低年级学生适当阅读教材就可以了，而小学高年级学生则不但要提前阅读新教材，还要提出问题，写好预习笔记等。

三是让孩子重视父母的建议。

为什么呢？天底下再没有比父母更了解孩子的人了，父母对孩子的现状（包括他们的兴趣、擅长领域、主要优缺点等）有清楚的认识和了解，更重要的一点是，能帮助孩子将目标合理化。

四是让孩子接受老师的指导。

孩子每天有很长的时间和老师在一起，老师的目标是为了把学生培养成合格的人才，所以对孩子的身心发展十分了解，更能为孩子的目标制定指出明确的方向。

（2）帮助孩子制订可行的计划

计划的力量不容小觑，即使是不太扎实的计划、不够实际的计划，也能鼓励人坚韧不拔。

计划，包括一生的计划、中期的目标以及短期的安排。做事之前制定详尽的计划，进行合理的安排，能有效节省时间，提高办事效率，早日"把一件事情做到底"。

制定一个可行的计划，要注意以下几点。

一是要有明确的时间观念，时间安排既要紧凑，又要有一定的余地。"把一件事情做到底"除了 21 天的强化训练，更需要长期的坚持。

二是要让孩子对自己将要达到的目标有具体的时间规定，包括前期的准备工作、适合自己的措施和步骤的具体安排等。

三是父母或老师一起参与，父母和老师经验丰富，常常能提出很多指导性的意见，可以帮助监督计划的实施过程。

（3）引导孩子付诸行动

没有行动，再美好的目标、再合理的计划都只是空谈。任何人要"把一件事情做到底"，就必须坚持、坚持、再坚持。

通常，在计划执行的前期，由于目标相对简单，孩子的兴趣和新鲜感都较为浓厚，所以目标通常很容易实现。但到了计划执行的中后期，他们会发现，实现目标的困难程度逐渐加大，新鲜感也渐渐失去，常常会遭遇很多意想不到的挫折，影响计划的正常实行。此时，不妨让孩子考虑以下几种方法。

① 自我激励法

自我激励是自己激励自己形成良好的品德和习惯的方法，这一方法能帮助孩子修炼意志品质。

指导孩子运用自我激励法要注意如下三点。

一是让孩子正确地认识自己，对自己的优缺点有所了解。关键是让孩子对自己的能力有信心，相信自己一定能"把一件事情做到底"。高度的自信和自我激励，能使孩子变得更加勇敢。

二是让孩子学会自我控制和自我约束。"把一件事情做到底"会经历许多意料不到的困难与挫折，此时必须鼓励孩子控制自己的情绪和意志，打起精神，避免轻易被打垮。

三是努力培养孩子的自尊心和上进心。有了较强的自尊心和上进心，孩子的潜能便能不断地被发掘，向最佳的方向发展。

当然，孩子现在年龄还小，光靠自我激励，达到"把一件事情做到底"的目标还是有难度的。所以，父母和老师千万别忘记给他们及时、有用的指导。

② 寻求榜样法

谁都不会否认榜样的力量，尤其是那些毅力坚定、坚持不懈追求进步的人，更是孩子心目中的楷模和英雄。在培养孩子养成良好习惯的过程中，如果能有这样一个榜样，无疑是为孩子的前进树立了一个标杆。

最好的榜样就在孩子的身边。比如我们做父母的也许并没有做出轰轰烈烈的巨大成就，但对待工作兢兢业业，对生活充满勇气，尤其是对孩子更是付出了不懈的爱和帮助。我们就属于能把事情"做到底"的人。

当然，孩子也可以寻求身边同龄的榜样，大家在一起你追我赶，让竞争变成学习。

在日常生活中，父母和老师可以多给孩子讲一些勇敢、持之以恒的小故事，带领孩子认识一些有毅力、爱坚持的人物，从中获取力量。

③ 有意吃苦法

现在大多数孩子都是在物质优裕的环境中长大的，缺乏毅力的人不在少数。如果能有意让他们吃点苦，磨炼磨炼其意志，他们会更懂得坚持。

积极参加体育锻炼是一种好办法，不仅可增强孩子的体质，而且还可增强其心理承受能力，这与培养毅力是一回事。此外，上学挤公交车，在炎炎烈日下赶路，手捏冰块二十分钟等等，都可以考虑。

有意吃苦并不是要虐待孩子的身体，应该在保证孩子身体健康不受到损害的前提下进行。如果孩子担心自己无法坚持，父母可以参与监督，必要的时候可以对孩子"狠"一点。

④ 竞赛法

生活中有这样一些人，如果让他独自完成某件事，他往往一拖再拖，或者干脆中途放弃；但若能给他一些对手，告诉他同时有很多人在跟他竞争，却能激发他不服输的心理，使他积极主动地完成好任务。这是为什么呢？

原因在于每个人都不愿意承认自己是弱者，不会轻易服输，青少年更是如此。父母可以运用竞赛法激发孩子不服输的心理，激励他坚持到底。

竞赛的方法很多。可以让孩子和要好的同学竞争，也可以和您来一场比赛。比如您和孩子同时开始学英语，可以每天比较谁学得更快，掌握得更好，把学习变成竞赛。

（4）巩固与小结

良好的习惯需要巩固，否则很可能让之前所有的辛苦付诸东流。在培养孩子养成好习惯的过程中，要帮助和鼓励孩子及时总结做得好的地方，并改进不足之处，争取不再出现类似的错误。

3. 训练及评估表格

表格使用方法："选择目标"、"自我检测"部分由孩子自己填写，"父母评测"由父母填写，"班主任评估"由班主任填写。

选择目标	目标测试	□选定一件事，如每天长跑 3000 米 □与父母、班主任有一定的沟通 □对要做的事情有所计划 □身边有榜样/合作者/竞争者			
	最终目标				
自我检测		已完成目标	未完成内容	下一步安排	个人心得
	7 日检测				
	7 日检测				
	7 日检测				
父母评测	完成情况	□完成　　□大部分完成　　□少部分完成　　□完全未做			
	与孩子沟通情况	□沟通良好　　□有沟通，但时间很短　　□根本未沟通 沟通内容/未沟通原因：_____			
	建议				
班主任评估	完成情况	□完成　　□大部分完成　　□少部分完成　　□完全未做			
	与学生沟通情况	□沟通良好　　□有沟通，但时间很短　　□根本未沟通 沟通内容/未沟通原因：_____			
	与家长沟通情况	□沟通良好　　□有沟通，但时间很短　　□根本未沟通 沟通内容/未沟通原因：_____			
	评语				

三、主题延伸阅读

假如是这样

（一）

　　早上，快到上学的时间了，小东开始洗脸漱口，正洗到一半的时候，他想起要把昨天晚上写的作业放到书包里，如果今天再不带作业的话，那后果是不堪设想的。于是他飞奔到写字台去整理书包。

打开书包才想起来，昨天，他为了看动画片决定把几道题留在今天早上写。哎呀，再不动手的话，今天放学就回不了家啦。由于心情急躁，作业进展不大，他的眉头皱得紧紧的，可是本子上却一个字也写不出来。这时他想还是赶紧去学校问问同学或者老师吧。

他来到餐厅，但他的早点却还没有端上桌子。怎么回事？妈妈一早都在厨房忙活，怎么到现在还没有把早饭做好呢？原来妈妈早上是起得很早，并且很早就开始准备给小东做早点了，可是在打鸡蛋的时候，忽然生出疑问：每天都吃鸡蛋是不是营养不均衡？于是妈妈开始翻看书籍，想为小东做一顿既营养又丰富的早点。书看了一半时，妈妈觉得家里的藏书太不丰富了，根本就没有要找的资料。于是她冲进爸爸的书房，想用电脑上网查找。可是用着用着就遇到了麻烦——死机啦。妈妈对修理电脑一窍不通，只好叫来爸爸。

爸爸可是个电脑高手，他气定神闲地坐在电脑桌旁，正准备修理时，手机却响了，爸爸跑过去接电话，原来是他的老同学想要和他见一面。爸爸和这个老同学可是很久都没有见过了，机会难得呀，再说电脑什么时候修都可以，所以爸爸决定先去和老同学见个面。

当妈妈回到厨房时，发现小东已经快饿昏了。上学时间就快到了。妈妈只好给了小东一些钱，让他在路上买早点吃。小东无奈地走出了家门。

(二)

刚出门，小东发现前面不远处有一个卖面包的小摊，一阵阵烤面包的香气随着和煦的微风飘了过来，馋得小东直流口水。他急忙跑了过去，迫不及待地掏出钱来要买面包。面包师傅热情地给小东装好面包，正要递给他的时候，屋里传来了他老婆的叫声："你快过来帮一下忙吧，我快忙不过来了。"面包师傅是一个十分怕老婆的人，听了他老婆的话以后，急忙跑回了屋。小东在外面等得很心急，可是拿不到面包他也没法走，因为他已经付过钱了。

终于，面包师傅从屋里出来了，他看见小东还站在那里才想起面包还没有给顾客，于是急忙一边道歉一边给小东拿面包，可面包已经凉了，凉面包怎能卖给顾客呢？他决定用烤箱再给小东热一热。此时，又来了几个顾客，当面包师傅正要招呼顾客的时候，烤箱传来一阵"嘟嘟"的声音，原来是烤箱里的面包好了。面包师傅想，如果面包不马上拿出来就有烤糊的危险，但他又想招呼顾客。结果面包糊了，顾客也走了。

上学已经迟到了，但小东是个好孩子，他还是决定去学校。"今天真倒霉。"小东一边走一边想，手里还拿着一块烤糊了的面包。他拦了一辆出租车想尽快赶到学校。司机师傅的技术还真不错，车子开得飞快。这时司机师傅看见路边有一个鲜花店正在打折，他想今天是他和女朋友认识一周年的纪念日，买些玫瑰给她当礼物不是很好吗？于是他急忙调头，想去买些鲜花。可是他的车调头调得太突然了，和后面的一辆豪华大轿车撞了个正着，由于是上班的高峰期，道路很快就被堵上了。

豪华轿车是去机场接×国元首的，但是现在去不成了，司机急忙给总统打电话，可是总统不在，原来总统利用等元首的时间去参加一部电影的首映仪式去了。这个×国的元首可是个重要的人物。小东的国家正打算和他签订一份和平条约呢。

这时，×国元首的飞机已经降落，元首走出了机舱发现既没有迎接他的人，也没有迎接他的车。元首在飞机场等了一个小时，他的秘书战战兢兢地告诉他，这个国家的总统没有联系到，听说是看电影首映去了。元首是个暴脾气，一听这话，立刻火冒三丈。"这是对我的侮辱，也是对我们国家的侮辱，我要立刻回去！看来，问题只能用战争解决了！"于是元首又回国了。

（三）

小东被送去了医院，大夫开始检查他的身体。"有些内出血，应该马上去做手术。"小东还没来得及反应，就被推到了手术室。几个身穿蓝色大褂的大夫走了进来。

"准备麻醉。"主刀大夫说。

"抱歉，还没准备麻药呢。"护士长歉疚地说。

"刚才不就让你准备了吗？"大夫有些生气地说。

"刚才您妈妈不是给您送了两条鲤鱼来，您不是让我收拾去了吗？"护士长觉得有些委屈。

"算了，算了，准备手术吧。咱们可以不打麻药，你去拿器材吧。"大夫原谅了护士长，决定马上手术。

"不，我不要。我没有病。"小东大声喊道，但是大夫们根本就不听他的解释。

"没事，一会儿就好了，不会很疼的。"大夫和蔼地对小东说。

这时，大夫的助手急匆匆地跑了进来，说："不好了大夫，器材室里的管理员不见了，说是他的朋友给了他一张球票，他跑去看球了。"

"什么？"大夫激动地说，"是冠亚军决赛吗？怎么也没有人告诉我。看来今天这手术是做不成了，把他推回病房吧，明天再说。"

于是小东又被护士长推了回去，在楼道里他还能隐隐地听见大夫问他的助手说："电视直播吧，哪个频道？"

天渐渐地黑了下来，小东开始想他的妈妈和爸爸了。这么晚他还没有回家，妈妈该多担心啊。他想给家里去个电话，他想爸爸妈妈要是知道他住院了，一定会跑来陪他的。

他好不容易摸到了护士值班室，里面没有人。他找到了电话，正要拨号，这时外面传来了一阵震天动地的响声。接着响声越来越大，越来越频繁。

"是什么呢？难道是放礼花了吗？可今天又不是什么节日啊。"小东想。

这时几个护士慌慌张张地跑了进来，喊道："赶紧逃命吧，×国的军队打进来了。"

"战争，战争开始了！"有人在外面喊。

没有人再看管病人了，小东决定赶紧回家，和爸爸妈妈一起逃到乡下去。

（四）

他趁着夜色逃了出来，也不顾路途的遥远向家跑去。等走进家门，发现他的父母也正在为逃跑做着准备。

"你怎么才回来？"他的父亲责备地说，"赶紧准备吧，一会儿你张叔叔用车接咱们去乡下。"

小东一听，急忙开始收拾自己的东西。他既舍不得这个又放不下那个，挑了好一会儿，才泪眼蒙眬地收拾好自己的物品。爸爸妈妈也是一样，终于全家都收拾好了，可是张叔叔的车却没有来。这时炮声越来越近了，一家人急得像热锅上的蚂蚁，爸爸急忙给张叔叔打电话，原来张叔叔在路上的时候想自己还有几句话应该和家里人交代一下，等交代完后，又觉得应该在路上多准备一些粮食，所以现在还在路上呢。

盼星星，盼月亮，终于把张叔叔盼来了，一家人刚上车，小东的爸爸和妈妈就觉得还有重要的东西落在家里。于是他们让小东和张叔叔先走，并约定好在城外碰头。

（五）

妈妈和爸爸下车以后，小东和张叔叔没走多远就被几个士兵给抓住了，并把他们带到将军面前。将军是一个五十多岁的老人，笑起来让人觉得很慈祥，他对手下的士兵说："把他们都带下去，给他们每个人一口袋豆子，如果在天亮的时候能把豆子都分好类，就可以活命，否则就枪决掉。"

拿到豆子以后，小东暗暗庆幸，口袋里的豆子不多，分类应该很容易。已经很困了，但是为了活命，他还是决定等工作完再去休息。工作进展得很快，他的眼睛也越来越疲劳，终于他想：睡一会儿吧，反正时间还长着呢！

他闭上了眼睛，很快就进入了梦乡，他梦见一个美丽的高山，高山上全是晶莹剔透的冰凌，他走在那里就仿佛走进了水晶般的世界，冰凌是那样的凉爽，碰到身上凉到心里。小东笑了，凉、凉，突然凉爽中还夹杂着一丝的刺痛。小东急忙睁开眼睛，看见两个全副武装的士兵正在用冰冷的刺刀碰着他的胳膊。

"你没有完成任务，马上拉出去。"一个士兵冷冷地说。

小东一下子睡意全无。天已经亮了，可是他的豆子还有一小部分没有分完。他感到非常懊悔，要是昨晚分完了再去睡，今天就可以获得自由了。

"再给我一次机会吧。求求你们，再给我一次机会吧。"小东恳求道。但他还是被两个士兵用力架了出去，小东闭着眼睛，奋力地反抗着，可是根本没有用。

（六）

"赶紧起来，别折腾了。"怎么会是妈妈的声音？

小东急忙睁开眼睛，看见爸爸妈妈正每人拉着他的一只胳膊想把他从被窝里拽出来。

"爸爸，妈妈。太好了，是你们。"小东激动地哭着说。

"这孩子，今天这是怎么了？赶紧起来去吃早点，上学快迟到了。"妈妈奇怪地看着他说。

"上学？这儿没有打仗吗？"小东问。

"你睡糊涂了吧，打什么仗，赶紧洗脸去，晚上再也不许看漫画了。"妈妈激动地说。

小东急忙跳下床，他看见金色的阳光从窗户外射了进来，一阵阵小鸟的叫声是那么的悦耳。没有可怕的战争！没有穷凶极恶的士兵！生活是如此的美好，世界是如此的美丽！太好了，这只是一个奇怪的梦。但是小东却对自己说：今天我一定要认真地把每一件事情做好。

习惯一：把一件事情做到底

习惯二：

孝敬父母

一、导入部分

1. 理念

百善孝为先。古往今来，流传了很多孝敬父母的感人故事：

春秋时期的仲由，是孔子的得意弟子，小时候他家里很穷，自己常常采野菜做饭吃，却从百里之外负米回家侍奉双亲。

东汉时候的黄香，九岁丧母，对父亲极其孝顺，酷夏时为父亲扇凉枕席，寒冬时用身体为父亲温暖被褥。

19岁的刘霆，浙江林学院一年级学生，他在校外租下一间小屋，几乎把所有的课余时间都用来照顾患尿毒症的母亲。

……

孝敬父母是中华民族的传统美德，如果一个人连父母都不孝敬，怎么去爱祖国、爱社会、爱人民？孝敬父母关键在于行动，但现在很多孩子都将其只停留在口头上，真正去做的很少。

您可以回想一下在家里吃饭的情景：

孩子帮助您做饭吗？吃饭前帮助您摆放餐具吗？为您盛饭吗？让您先吃好吃的菜吗？吃完饭主动收拾碗筷吗？吃饭时会感谢您的辛苦吗……

如果答案总是否定的，那可真的应该让孩子好好想想，为什么父母总是把最好的东西留给他，而反过来他却不是？

原因是孩子还没有真正理解"孝敬父母"。孩子孝敬父母，不仅要心中有父母，还要了解、亲近父母，更要关心、体贴并尊重父母。只有把心中的爱化作实际的行动，才算得上是真正的孝敬。

2. 描述

（1）懂得感恩，对父母怀有感激之情

几乎所有的父母都愿意为孩子提供最好的条件。可是，尽管父母为此付出了很大的代价，孩子却常常感觉不到它们的来之不易，甚至觉得那是理所应当的。

只有让孩子理解父母的苦心，了解父母的真实感受，孩子才会懂得感恩。

《母亲的账单》是一个极其简单却耐人寻味的故事。

有一天，小彼得突然想出一个主意：开一张账单给母亲，索取他帮母亲所做事的报酬。

母亲欠儿子彼得的款项：取回生活用品，20芬尼；把信件送往邮局，10芬尼；在花园帮大人干活，20芬尼；他是一个一直都很听话的孩子，10芬尼；共计：60芬尼。

晚上，彼得在餐盘旁找到了他索要的60芬尼的报酬。小彼得如愿以偿，准备把钱放进口袋时，发现餐盘旁还有一份给他的账单。

彼得欠母亲的款项：在她家过了十年幸福的生活，0芬尼；他十年中的吃喝，0芬尼；他生病中的护理，0芬尼；他一直有一个慈爱的母亲，0芬尼；共计，0芬尼。

小彼得读着读着，感到羞愧万分！过了一会儿，他怀着一颗怦怦直跳的心蹑手蹑脚地走近母亲，将小脸蛋藏在母亲的怀里，小心翼翼地把那60芬尼放进母亲的口袋。

很多孩子经常像故事中的小彼得一样，看不见父母为他们的付出。父母的爱是无声的，更是不计回报的。但这并不等于孩子就能

心安理得地享受。

孩子孝敬父母，首先就要怀着感恩的心，珍惜父母为他们所做的一切。因为孩子享受得越多，父母付出的辛勤劳动也越多。

（2）关心人，体贴人

父母不是超人，也会头疼脑热，也会遇到很多难以想象的困难，只是很多时候怕影响到孩子才不说出来。其实，我们父母也很需要孩子的关心和体贴，哪怕只是一件很小的事情，我们都会感觉心满意足。

《幸福的感觉》一文正说明了这点：

乔治是一个懂事的孩子，每到周末，他都要去两英里以外的树林里捡柴。

那天是个好天气，乔治一会儿就捡到了许多木柴。太阳升起来了，乔治感到口渴难耐。

于是他找了一个阴凉的地方休息，顺便吃些东西，因为他要到下午才能回去。

小溪旁边有一棵大树，那可是个不错的休息之地。当他走过去时，发现那里长了一些熟透了的野草莓。

"正愁着这些干巴巴的面包怎么吃下去呢!把草莓夹在面包里，味道一定好极了!"乔治把帽子放在草地上，小心翼翼地把熟透了的野草莓一个个放在里面。

"要是妈妈能和我一起分享这些美味该有多好呀！可是她现在却在阴暗的屋子里承受病痛的折磨。"想到这些，乔治把即将送入嘴里的草莓放了下来。

"还是给妈妈留着吧!她现在正病着呢，吃了这些草莓一定会好受一些!"乔治想。

可是那些草莓实在是太诱人了，乔治心想："我干了一天活了，就吃一点吧!"于是他就把草莓分成两堆。但是，每一堆看起来都很小，于是他又将它们放到了一起。

"只尝一个。"他想。无意中，他把最好的一颗拿了起来，快要送到嘴里的时候，他发现了那是最好的一颗，于是他又把草莓放下了，心想："我要把最好的留给妈妈，不，我要把全部的草莓都留给妈妈。"

最后，乔治一颗草莓也没有吃，他又去捡柴了。

黄昏的时候，他回到了家，当他放下柴火时，听到了妈妈的呼唤："乔治，你帮妈妈倒杯水吧！我有些口渴。"乔治高兴地把草莓送给妈妈。

"这是你专门留给妈妈的吗？"妈妈眼中已充满了泪水。

"妈妈因为有你这样的孩子而骄傲，上帝保佑你！"

乔治心想："原来奉献如此幸福！"

乔治带回家的，不只是草莓，更是对父母的关心和体贴。很多时候，关心和体贴不一定要说出来，而是要有所行动。只要孩子做了，无论大小，父母都会记得的。

(3) 理解人，体谅人

在很多孩子眼里，父母似乎无所不能，对自己总是有求必应。所以，每当父母解决不了事情时，他们就开始发脾气，甚至胡搅蛮缠。这是很不好的。只从自己的立场出发，不考虑父母也会遇到困难，不体谅父母的难处，是典型的不孝敬。

《孙云晓少年儿童教育报告》中提到的杜瑶瑶就很值得孩子们学习：

有一个女孩子，名叫杜瑶瑶。在她 8 岁的时候，爸爸突然得病去世了，紧接着她妈妈因为难过，风湿性心脏病发作，一下子瘫痪在床上。过去是妈妈操持家务，现在妈妈只能躺在床上，什么也干不了。

这时候杜瑶瑶不仅要自己照顾自己，还要照顾瘫痪在床的妈妈。她要做饭、洗衣，干一切家务，母女俩一个月只有不到 200 块钱的生活费，过得非常艰难。班里的学生课间都买冰棍，杜瑶瑶从来不买。因为她连十几块的学杂费都交不起，哪有闲钱买冰棍？

可是，杜瑶瑶的成绩却一直是班里前几名。妈妈经常住院，她就守在妈妈的床边写作业；妈妈的下身冰凉，她就把妈妈的两只脚抱在怀里给妈妈取暖；为了让妈妈高兴，她还给妈妈唱歌跳舞。后来她考上了本地的一所大学，别人问她，那么好的成绩，为什么不考北京更好的大学时，她说，就是为了能在妈妈的身边，照顾好妈妈。

想一想，面对如此的家庭环境，杜瑶瑶如果埋怨她的父母，会有什么样的结果呢？有的孩子，当父母卧病在床时，不是耐心地询问父母的病情，在床前端茶倒水，反而一个劲儿埋怨父母还不起床给自己做饭，甚至自己拿着钱跑到外面大吃一顿。这样做，只会让父母难过、失望。父母养育了孩子，如果孩子对父母连一时的关心都给予不了，还谈何孝敬呢？

（4）分担责任，一家人风雨同舟

生活中常常会出现各种出人意料的状况，包括我们的家庭也会遭遇不幸，这是对全家人的挑战。如果只是我们做父母的面对困境，孩子却置身事外，就不算真正的孝顺。

《成长的智慧》中提到的亨利就是一个主动承担家庭责任的好孩子：

亨利的父亲过世了，他还有一个两岁大的妹妹，母亲为了这个家整日操劳，但还是难以让家人都填饱肚子。看着母亲日渐憔悴，亨利决定帮她赚钱养家，因为他已经长大了，应该为这个家贡献一份力量了。

一天，他帮助一位先生找到了丢失的笔记本，那位先生为了答谢他，给了他1美元。亨利用这1美元买了3把鞋刷和1盒鞋油，还自己动手做了个木头箱子。带着这些工具，他来到了街上，每当看见路人的皮鞋上全是灰尘的时候，他就对那位先生说："先生，我想您的鞋需要擦油了，让我来为您效劳吧！"

他对所有的人都是那样有礼貌，语气是那么真诚，以至于每一个听他说话的人都愿意让这样一个懂礼貌的孩子给自己的鞋擦油。他们实在不愿意让一个可怜的孩子感到失望，他们知道这个孩子肯定是一个懂事的孩子，面对这么懂事的孩子，怎么忍心拒绝呢！

就这样，第一天他就带回家50美分，他用这些钱买了一些食品。他知道，从此以后家里的每个人都不会再挨饿了，母亲也不用像以前那样操劳了，这是他能办到的。

当母亲看到他背着擦鞋箱，带回来这些食品的时候，她流下了高兴的泪水，"你真的长大了，亨利。我不能赚足够的钱让你们过得更好，但是我相信我们将来可以过得更好。"妈妈说。

就这样，亨利白天工作，晚上去学校上课。他赚的钱不仅足够自己交学费，还可以维持母亲和小妹妹的生活。

并不是每个人都会遭遇亨利那样的困境，但我们应该让孩子懂得，家是父母和孩子共同的家，父母虽是孩子的避风港，但保护这个家，让它更安全、更温馨，是每个家庭成员的共同责任。孩子和家人共同努力，风雨同舟，才是真正的孝敬。

二、21天训练方案

1. 训练要点

（1）有诚意

孝敬父母，首先需要孩子内心有诚意。

父母本身并不期望孩子对自己有所回报，但有必要让孩子学着体谅父母的一片苦心，理解父母的辛劳。

经常能看到的情形是，父母对孩子很有诚意，每天无微不至地照顾孩子，什么好东西都留给孩子，什么好事情都先想着孩子。孩子每天说要孝敬父母，可实际上却变成了父母"孝敬"孩子。孩子对父母的诚意都到哪里去了？

这里所说的"有诚意"，不是要孩子每天对父母说多么动听的话，不是让孩子许下宏大却空洞的志向报答父母，而是让他带着诚意做一些力所能及的事情，哪怕帮着做一些家务活、为父母过一次生日、主动汇报自己的学习情况等，这样，父母就会感觉到自己在孩子心目中是重要的，孩子是关心父母的。这也有利于亲子关系的和谐发展。

（2）讲礼貌

这是孝敬父母的最基本要求。

那些在家里没大没小，对父母不理不睬或者动不动就冲父母大声嚷嚷的孩子，绝对不会孝敬父母。真正孝敬父母的人，一定会从对父母讲礼貌的小节做起。

也有人觉得跟父母没有讲礼貌的必要，一家人何必搞得那么客气呢？其实，父母是需要尊重的。况且，在家里尊重父母，对父母有礼貌形成了习惯，在外面也会有礼貌，会尊重别人。

有的人认为孝敬父母就是等父母老了再去照顾他们，其实不是。任何时候都能孝敬父母。孩子虽然现在年龄还小，还没有能力去做更多的事情，但孝敬父母并不一定非要有什么惊天动地的壮举。相反，有的时候，对父母的孝顺就表现在"您"、"早上好"、"谢谢"、"晚安"等简单的礼貌话语中间，表现在一件件如父母回家或外出时主动迎送、自己外出或回家时和父母打招呼、认真听父母说话等小事情上。

（3）节制欲望

每个人都有自己的欲望，如果任其自由发展，不加节制，欲望就会无限膨胀。父母通常会想办法尽可能满足孩子的愿望，但很多孩子"说一不二"，想让父母做什么就得做什么，这很不好。

如果孩子总是不能控制自己的不合理欲望，他就会慢慢变得蛮横、任性、自私，走向孝敬父母的反面。当父母满足不了他的欲望时，他很可能埋怨父母，甚至走上犯罪的道路，比如偷抢甚至残杀父母。

节制欲望不是嘴上说说的事，要从行动上实现，如培养孩子有好吃的东西让给父母先吃、不乱花钱、不摆阔气、不增加父母负担、不让父母为难等好习惯，这对孩子的健康成长是非常必要的。

2. 方法和步骤

（1）让孩子了解父母，尊重父母

孝敬父母首先要了解和尊重父母。很多孩子不知道父母亲每天在忙什么，不知道他们吃的、穿的、用的东西是从哪里来的，反而觉得他们吃好、穿好、用好是天经地义的，这自然很难从心底孝敬父母。

现在，大部分家庭中只有一个孩子，父母也很少刻意摆出家长的架子，有些不懂事的孩子就认为父母不需要去尊重。这是很不对的。如果孩子对父母缺乏尊重，孝敬父母也就无从谈起。

应该让孩子认真想一想，父母每天不仅要做好自己的工作，还要费尽心思照料好全家人的生活。即使面临着工作和家庭经济的压力，也很少跟孩子提起，实在是很不容易。

父母空闲的时候，可以给孩子讲讲工作的情况，让孩子了解他们的艰辛。无论父母从事什么职业，都是靠自己的双手在劳动，都是凭自己的本领在吃饭，都值得孩子敬重。孩子对父母付出的辛劳越了解，才越会从心底里相信和敬重父母，才会真正想着去孝敬父母。

（2）教育孩子虚心听取父母的教导

有一些孩子，父母一说他两句，他就顶嘴，听不进去批评的话，常常惹父母生气，这是典型的不孝敬父母的表现。

那么，怎样才能让孩子虚心听取父母的教导呢？我们不妨从以

下几个方面进行教育：

- 教育孩子不消极躲避父母的教导，要认真听；
- 教育孩子虚心听取父母教导，并认真去做；
- 孩子要接受父母的批评，不顶撞，不任性；
- 孩子和父母有分歧时要心平气和地说明自己的想法；
- 父母不答应孩子的要求时，孩子不能耍脾气。

当然，让孩子虚心听取教导并不是让他们对父母百依百顺。当发现父母的错误后，孩子可以心平气和地指出来，不可随意顶撞父母。

（3）教育孩子认真学习求上进

有些孩子觉得学习是一件很辛苦的事情，是父母逼着他去学的。也许父母对待孩子的方式方法存在这样那样的问题，但父母千辛万苦，还不是为了让孩子成才？孩子现在学习，归根到底是为了今后自身的发展。在现在这个年龄段，认真学习，积极上进可以说是孩子对父母最大的孝敬。

怎样让孩子做到这一点呢？

首先，要让孩子把认真学习完完全全当作自己的事，不能依赖他人，也不能动不动就埋怨父母。

第二，在学校，要让孩子努力学习，积极上进，遵守学校纪律，尽可能少让父母操心。

第三，回到家里，最好能主动向父母汇报他的学习情况和思想情况，不隐瞒学习成绩，实话实说。如果学习上有困难，应该主动向父母寻求帮助，这时父母一定要乐于帮助孩子寻找解决问题的最好办法。

（4）教导孩子帮父母做力所能及的事

让孩子做力所能及的事，帮助父母减轻负担，是孩子孝敬父母的好方法。

我们可以尝试下面的一些做法：

一是教孩子学会自理。

父母总是要看到孩子有了生存能力心里才踏实，否则总有后顾之忧。所以应让孩子平常多参加劳动，学会生活自理。

二是让孩子做父母的帮手。

有些活，孩子完全可以干，比如父母做饭的时候帮忙择菜、帮家里取报纸等。多帮助父母干活，孩子才会更懂得父母的辛劳，长大了才会更加孝敬父母。

三是让孩子长期负责一两项家务劳动。

孩子长期分担家庭的一两项劳动，如浇花、扫地等，能为父母减轻不少负担，也有利于培养孩子的劳动意识。

(5) 告诉孩子注意细节，从小事做起

孝敬父母要落到实处，就不能不注意细节。事情虽小，父母却能感觉到孩子的孝心。生活中有很多让孩子表现孝心的细节：

- 吃完饭，帮助父母收拾桌凳、洗碗刷盆；
- 大扫除时，做力所能及的事；
- 在节日(父亲节、母亲节、妇女节、劳动节、春节等)为父母做一件事，表示祝福；
- 父母生病了，端茶倒水，悉心伺候；
- 回家或外出时主动和父母打招呼；
- 认真听父母讲话。

类似的还有很多小事情。如果孩子把这些事情都做好了，孝敬父母也就变成真正的行动了。

(6) 指导孩子反复练习，长期坚持

孝敬父母不是一天两天的事情，而是一辈子的事情。因此必须让孩子养成良好的习惯并长期坚持。如果孩子每天都能抓住各种机会反复练习，处处留意，养成好的习惯也就指日可待了。

其实，孩子孝敬父母，父母也在孝敬自己的父母。父母不仅是孩子孝敬的对象，更是他们学习的好榜样。这就需要我们平常注意、

检点自己的言行，给孩子起到好的示范作用，并帮助孩子改进做得不够的地方，共同营造出和谐的家庭环境。

3. 训练和评估表格

表格使用方法："选择目标"、"自我检测"部分由孩子自己填写，"父母评测"由父母填写，"班主任评估"由班主任填写。

选择目标	目标测试	□了解孝敬父母的重要性　□了解父母的辛劳 □从小事做起　□关心父母，体贴父母 □身边有榜样/合作者/竞争者 □多做力所能及的事　□反复练习，长期坚持			
	最终目标				
自我检测		已完成目标	未完成内容	下一步安排	个人心得
	7日检测				
	7日检测				
	7日检测				
父母评测	完成情况	□完成　□大部分完成　□少部分完成　□完全未做			
	与孩子沟通情况	□沟通良好　□有沟通，但时间很短　□根本未沟通 沟通内容/未沟通原因：＿＿＿＿＿＿＿＿			
	建议				
班主任评估	完成情况	□完成　□大部分完成　□少部分完成　□完全未做			
	与学生沟通情况	□沟通良好　□有沟通，但时间很短　□根本未沟通 沟通内容/未沟通原因：＿＿＿＿＿＿＿＿			
	与家长沟通情况	□沟通良好　□有沟通，但时间很短　□根本未沟通 沟通内容/未沟通原因：＿＿＿＿＿＿＿＿			
	评语				

习惯二：孝敬父母

三、主题延伸阅读

孝心

（一）

"慈母手中线，游子身上衣。临行密密缝，意恐迟迟归。谁言寸草心，报得三春晖。"

学习完这首诗以后，班主任老师布置了任务，每个人回家一定要对自己的父母尽尽孝心，下次班会上，每个同学都要发言，要评出最有孝心的同学，并颁发奖状。

这个看似简单的任务，却难倒了很多人。因此，放学以后很多同学都没有走，而是留下来讨论如何才能把这个作业完成好。

"我觉得，尽孝心就是帮父母多做家务。"班长陈丹丹率先发言，"所以我决定回去以后把这周的家务全包了。"

"我觉得你说的也不完全对。"彭湃反对道，"我认为，孝敬父母就是让他们高兴，所以我决定这一周都让他们乐呵呵的。"

"严春花，你也说说。"看着在一旁笑而不语，做着卫生的严春花，黄小翔有些不满。

"俺也说不好，这些俺从来就没想过。"严春花笑着说。

"那就赶紧回家，别妨碍我们讨论问题。"黄小翔总是看严春花不顺眼。

"走就走。"严春花一扔扫帚，背起书包就走出了门。

"喂，谁让你现在走的？卫生你还没做完呢？"黄小翔看见还有半个教室没有扫，急忙喊道。可是严春花早就不见人影了，看来今天的卫生只能黄小翔自己完成了。

"黄小翔，你说说，你想怎么做？"彭湃问道，他知道黄小翔的主意多。

所有人的眼睛都注视着黄小翔，都希望能从他的谈话中得到一些启发。谁不想得到那张奖状啊，这可是一件十分风光的事情。

"我觉得，最重要的是要给父母一个惊喜。"想了半天，黄小翔终于说出了这样一句话。

"惊喜！"大家异口同声地喊道。

"对，惊喜。"看着大家都注视着自己，黄小翔开始演讲了，"只帮着家长做些卫生就能让他们高兴吗？给他们讲几个笑话他们就开心了吗？不，这些我们要做，但要在他们不知道的情况下做，这样，他们才会最震惊，最高兴。"

几个人都点了点头，都在心里盘算着自己的计划。

（二）

这个周末，全班的同学都没闲着。陈丹丹一早就找了个借口把父母给支了出去。然后就在家里开始忙活。她先是擦窗户，结果清洁剂放多了，屋子里到处飞着泡泡，陈丹丹急忙收拾，一不小心把放在地上的水盆给踢翻了，真是水漫金山啊，沙发和床铺全都湿了，陈丹丹急得汗都流出来了，又是换床单，又是用拖把吸去地上的水。好不容易忙完了，这时爸爸和妈妈也正好进门。刚一进门，爸爸就滑了一跤，结果把腰给扭了。

妈妈急忙扶起爸爸，对陈丹丹说："丹丹，今天这是怎么了，瞧把屋子弄的，怎么这么乱啊。"

陈丹丹一句话也不想说，她跑进自己的小屋里想：看来想让父母惊喜，还真是不容易啊。

结果这一周，爸爸妈妈就没再让陈丹丹碰过扫帚。

（三）

彭湃对讨好父母有自己的一套，他决定吃完饭后就去给妈妈按摩一下。于是晚饭后，妈妈刚坐在沙发上准备看电视，彭湃就蹭了过去，用力地给妈妈按摩起肩膀来。妈妈先是吓了一跳，然后就是一脸享受的样子。彭湃按摩十分卖力，妈妈脸上的表情也是十分喜悦。

终于按摩完了，彭湃趴在妈妈的身边说："怎么样，舒服吧。"

妈妈点了点头。

"那我再给您讲个笑话吧。"彭湃小声说。

"不用。"妈妈转过头来看着彭湃说，"你还是赶紧说说，又犯了什么错误吧。"

"没有啊！"彭湃一脸惊讶。

"那又是端茶，又是按摩的干什么？说，你一定又在学校闯祸了。上次测验考了多少分，拿给我看。"妈妈的表情十分严肃。

彭湃紧张得不知如何是好，上次测验的成绩已经下来了，但是他的成绩如果被妈妈看见了一定会是一场狂风暴雨。没想到，孝心没有尽到，倒把妈妈的警惕心给唤醒了。

"赶紧给我拿卷子啊！"妈妈大声说。

"还……还没……发呢。"彭湃磕磕巴巴地说。

"撒谎。"妈妈呵斥道，"你一说假话就磕巴，赶紧给我拿卷子去。"

在妈妈的斥责下，彭湃极不情愿地把卷子拿了出来。

"就考了这点分，看我不好好收拾收拾你。"妈妈接过彭湃的试卷一看，马上被气得怒发冲冠。

夜晚是如此的安静，如绸缎般的夜空中挂满了钻石般的星星。就是在这样一个和谐美丽的夜晚，小区里传来了彭湃一声声的惨叫声。

"妈妈，我再也不敢了。"

结果这一周彭湃的妈妈就没有高兴过。

（四）

　　金姗姗是个有钱人家的千金，她也为该如何尽孝心发了愁。帮家里搞卫生吧，家里有保姆，根本就用不着她动手。给爸爸妈妈按摩吧，他们又都有自己私人的保健医生。想给爸爸妈妈买些礼物吧，可是要买多高级的礼物爸爸妈妈才会觉得惊喜呢？

　　最后她决定在没有任何人的帮助下给爸爸妈妈烤一个蛋糕。

　　"你就出去吧，我自己能行。"在宽大的厨房里，金姗姗对着战战兢兢的厨师发火了。

　　"小姐，这可不行。你要是受伤了，我们的饭碗就没了。"厨师害怕地说。

　　"没事，我说要自己做，就要自己做。你们赶紧出去吧，要不我让我爸爸开除你们。"金姗姗的火气更大了。

　　两个厨师实在是没有办法，只能小心地退出了厨房。

　　晚上当金姗姗把蛋糕端上来的时候，爸爸和妈妈确实被吓了一大跳。

　　"宝贝，这真是你做的？你可真能干。"妈妈夸奖道。

　　"味道也不错。"爸爸一边吃着蛋糕一边吐着鸡蛋壳说（做蛋糕需要用鸡蛋，金姗姗在打鸡蛋的时候掉进去很多鸡蛋壳）。

　　"可是以后千万别这么做了，要是你被烫伤了可怎么办，妈妈还希望你以后能成为明星呢，有了疤痕可不行。"妈妈紧张地说。

　　"就是，这可不行。那两个厨师呢，随便让小姐进厨房，扣他们半个月的工资。"爸爸威严地说。

　　"爸爸，是我非要去的。"金姗姗急忙解释。

　　"那也不行。"爸爸摆出了总裁的威严。

　　金姗姗怎么解释也没有用。两个厨师沮丧地去干活了。晚上，躺在柔软的床上，金姗姗怎么也睡不着，她在想，这孝心到底该如何去表现呢？

　　结果爸爸妈妈再也不让金姗姗做任何吃的东西了。

（五）

其实最难过的是黄小翔，他那天慷慨激昂地说了那段话后，其实具体怎么做他根本就没有想好。

最后他决定拿出全部零用钱，让父母过上最难忘的一天。于是，他提前很多天就开始准备了。上饭店订餐，买礼物，忙得不亦乐乎。

周末到了，黄小翔很早就闯进了父母的卧室，大声喊道："起床啦，快起床吧。"

本来想在周末好好睡一觉的爸爸妈妈，被吓得一下子从床上弹了起来。

"怎么啦，着火了吗？"妈妈惊讶地喊道。

"赶紧吧，今天的活动多着呢。"黄小翔催促道。

"怎么，学校又搞活动啦？"爸爸一边穿着裤子一边说。

"别问了，还是跟我走吧。"黄小翔不耐烦地说。

很快一家三口就乐呵呵地出门了，他们先直奔电影院，看了一场科幻大片《星球大战》，这可是黄小翔早就盼望着的影片了，他是咬紧牙根买的三张票。这场电影他是看得兴高采烈，爸爸和妈妈在电影院里是一会儿睡觉一会儿清醒，两个多小时的片子，根本就没看明白。

接着他们又来到了一家高档的餐厅，在餐厅外爸爸坚决不进去："这得多少钱啊，我身上可没带什么钱。"

妈妈觉得爸爸有些扫兴，就说："孩子好不容易要尽一下孝心，你还这么小气。没事，怕什么，我有钱。"

妈妈的话，向来是家里的权威，爸爸只好走进了餐厅，黄小翔提前订的菜根本就不够，结果妈妈又强迫爸爸掏腰包买了一些。

在吃饭的时候，透过玻璃窗，黄小翔看见严春花正推着一大车东西在外面走，烈日炎炎，严春花的头上全是汗水，但是她却不肯在阴凉的地方休息一下。

"哼，也不知道她都做了什么？"黄小翔想。但很快，严春花的身影就被他忘掉了。

晚上，一家人算是玩得尽兴了，快快乐乐地走进了家门。

"妈妈，我给你们买了礼物啦，就放在你们的卧室里。"黄小翔兴奋地说。

"好孩子。"妈妈亲了黄小翔一下就进了卧室。

两个用彩带和精美的包装纸包装好的盒子就端正地摆在床上。

"孩子懂事了。"妈妈激动地对爸爸说。

爸爸点了点头，激动得一句话也说不出来。

黄小翔坐在自己的小屋里，得意地想：看来还是自己的主意最棒，爸爸妈妈今天多高兴啊。

正在这时，卧室里突然传来一声惨叫。黄小翔急忙跳了起来。有坏人！他想，这正是需要儿子的时候。他拿着棒球棒就冲了进去。

只见妈妈和爸爸正躲在一个角落里，床上摆着他送给的礼物。盒子已经打开了，那是一个闪着绿光的骷髅头台灯，还不时地发出一阵恐怖的笑声。

"你买这个干什么？快拿出去。"爸爸命令道。

"这多流行啊，我还说你们的台灯坏了，用这个正好晚上照明用。"黄小翔说。

"那还不得被它给吓死。"爸爸喊道。

黄小翔无奈地把台灯拿了出去。

结果黄小翔的零用钱被缩减了，因为他总买一些没用而且危险的东西。

（六）

开班会的日子很快就到了。教室被学生们布置得异常温馨和漂亮。班主任穆老师兴高采烈地问大家："都对家长尽孝心了吗？"

"尽了。"全班同学齐声回答。

"那你们是怎么做的呢？"穆老师又问。

有的同学说帮家长洗碗了；有的同学说给家长做饭了；有的同学说给家长买了礼物；有的同学说经常帮家长按摩……真是各种各样，五花八门。可见每一个同学都是花费了一番心思的。

"那么，你们的父母都是怎么表现的？"穆老师问。

"高兴呗。"金姗姗说。

"有些惊喜。"陈丹丹说。

"还有些不相信。"彭湃说，他的屁股到现在还有些疼。

"而且还觉得有些害怕。"黄小翔的回答引起了全班同学的一阵哄堂大笑，因为他的事情，班上所有的同学已经知道了。

"严春花，你说说。"穆老师点名道。

"他们什么也没说，什么也没表示。"严春花说。

"怎么会呢？"

"怎么可能呢？"班上同学纷纷表示怀疑。

"因为她根本就什么也没做。"黄小翔说。

"谁说的，你们做的这些事情，我都做了。"严春花大声地说。

"那你的家长怎么没表示呢？"穆老师问道。

"因为这些事我每天都做，他们都已经习惯了，也就不说什么了。"严春花说。

班上一片安静，谁也没有说出话来。

"同学们，你们知道你们的父母为什么会高兴吗？"穆老师问。

"因为我们平常没做过。"很多人小声地说。

"其实孝心不是表现在为父母做一件或是几件事情上，关键是要坚持做下去，真正为父母减轻一些负担，这才是真正的孝心。"穆老师动情地说。

班上有很多同学都低下了头。

"那么你们说，这个奖状应该给谁啊？"穆老师问。

虽然黄小翔心里一百个不乐意，但他还是喊道："应该给严春花。"

班上同学都没有意见，严春花在大家热烈的掌声中走向了讲台，当接过那面锦旗的时候，她的脸红了。她心里觉得有些奇怪：这些事情本来就应该是她去做的，怎么还会得到表扬呢？

　　黄小翔看着严春花心里很不是滋味，他觉得自己要比严春花聪明一百倍，可是为什么每次都会输给她呢？他在心里暗暗发誓：等着吧，严春花，我一定会把那面锦旗从你手里夺过来的！

习惯二：孝敬父母

习惯三：

做事有计划

一、导入部分

1. 理念

做事有计划的人才会赢得信任。

有些孩子每到期末复习就一团乱麻，做作业时总是被别的事情打乱，早晨起床上学常常找不到袜子，零用钱花不到月底就一分不剩……您的孩子会被这样的问题困扰吗？您知道怎样才能让孩子避免这些麻烦吗？

最好的方法就是让孩子学会做事有计划，即对自己要做的事情有具体的时间规定，有准备，有措施，有安排，有步骤。

做事有计划，不仅能帮助孩子有条不紊地照料自己的生活，也能帮助他们更好地学习和处理各种事情。那些取得杰出成就的人，常常得益于做事有计划：

福井谦一上学时化学测验总是不及格，曾因此打算放弃学业。在父亲的鼓励下，他制定了学习计划，从头补起，从不及格到及格，成绩扶摇直上。1981 年，他获得了诺贝尔化学奖。

竺可桢上中学时身体瘦弱，为了强健体魄，他制定了详细的锻炼计划，并手写了"言必信，行必果"的格言时时提醒自己。此后，他闻鸡起舞，从不间断。自从锻炼身体后再也没有请过一次病假……

小到身边的点点滴滴，大到一生的目标追求，计划都是不可缺少的。做事有计划不仅是一种习惯，更反映了一种态度，它是能否把事情做好的重要因素。

2. 描述

（1）时间像流水，抓起来就是金子

狄更斯曾说过：延宕是偷光阴的贼。一天 24 小时，为勤勉的人带来智慧和力量，给懒散的人空留一片悔恨。有成就的人，会珍惜生命中的每一分钟，绝不虚度年华。

《故事时代》收录了这样一则故事：

有一个人从 26 岁开始，即从 1916 年元旦那天起，每天都要核算自己所用的时间，每个月底做小结，年终做总结。他 56 年如一日，直到 1972 年去世的那一天。

他靠的是记日记。没有什么能打乱他的这一习惯——休息、看报、散步、剃胡须……甚至女儿找他问问题，他都要在纸上做记号，一丝不苟地记下用了多少分钟。

他想方设法利用每一分钟"时间下脚料"：乘电车时复习需要牢记的知识；排队时思考问题；散步时兼捕昆虫；在那些废话连篇的会议上演算习题……读书时间盘算得更细，"清晨，头脑清醒，我看严肃的书籍（哲学、数学方面的）；钻研一个半小时或两个小时以后，看比较轻松的读物——历史或生物学方面的著作；脑子累了，就看文艺作品。"他算出自己一个小时的看书进度是：数学书 4～5 页，其他类书 20～30 页。最令他自己满意的是 1937 年 7 月，"这个月我工作了 316 小时，平均每天 7 小时。如果把纯时间折算成毛时间，应该增加 25%～30%。我逐渐改进我的统计。"

他统计自己 1966 年所用的基本科研时间为 1906 小时，超出原计划 6 小时，平均每天工作 5 小时 13 分；与 1965 年相比，超出了 27 小时。1967 年他 77 岁，他对这一年时间的统计是：读俄文书 50 本，用去 48 小时；法文书 3 本，用去 24 小时；德文书 2 本，用去

20 小时;游泳 43 次;娱乐 65 次;同朋友、学生交往用去 151 小时……

他认为时间是世界上最宝贵，甚至是唯一有价值的东西，他将它视为神的赐予，于是时间也就给予了他丰厚的回报。这个牢牢驾驭了时间、创造出"时间统计法"的人，就是当代杰出的昆虫学家亚历山大·亚历山德罗维奇·柳比歇夫。

可是很多人却无视时间的流逝，没有时间概念。在他们眼里，半个小时很短暂，浪费一天也没什么关系。但如果你不认真对待时间，时间也不会认真对待你。时间抓不住就像流水匆匆，抓起来却像金子般沉甸甸。

（2）冷静思考，有条理地安排事情

遇到事情不是冷静地思考，做出合理的安排，而是想到哪里就做到哪里，常常会让人陷入尴尬的境地。

《新家教》中有一则故事：

威尔逊和同学要到山里去参加为期两天的野营活动。学校向他们介绍了营地的一些情况，并为他们的准备工作提出了建议，让孩子们自己回家去准备营地生活用品。妈妈问威尔逊是否需要帮忙，威尔逊说自己能够照顾自己。在他出发前，妈妈检查了他的行李，发现他没有带足够的衣服，因为山里要比平原冷得多，显然威尔逊忽视了这一点。妈妈还发现他没有带手电筒，这是野营时经常需要带的东西。但是妈妈并没有给他更多的提示。

威尔逊高兴地走了。过了两天，他回来了，妈妈问："怎么样，这次玩得开心吗？"

威尔逊说："我的衣服带得太少了，而且由于我没有带手电筒，每天晚上都要向别人借，这两件事搞得我好狼狈。"

妈妈说："为什么衣服带少了呢？"

"我认为那里的天气会和这里一样，所以只带了平常穿的衣服，没想到山里会那么冷！下次再去，我就知道该如何去做了。"

"下次如果你去佛罗里达，也带同样的衣服吗？"

"不会的，因为佛罗里达很热。"

"是的，你应该先了解一下当地的天气情况，再作决定。那手电筒是怎么一回事呢？"

"我想到要带手电筒，可我忙来忙去，最后把手电筒给忘了。我想，下次野营时我应该先列一个单子，就像爸爸出差时列的单子一样，这样就不会忘记东西了。"

威尔逊的尴尬是计划不周造成的。做事情之前不冷静思考各种可能出现的情况，常常会让人顾此失彼。因此我们作为父母，就要教孩子学会有条理地安排事情，避免犯类似的错误。

（3）今日事，今日毕，及时完成才能从容不迫

您可能会发现孩子定好了计划却总是没能按时完成，常常把当天要做的事情推到第二天去做，还在心里安慰自己：还有明天呢！可是，如果总是不能完成计划安排的内容，一天拖一天，岂不是永远都做不完了吗？

《播撒诚信的种子》中，有一篇是讲张海迪的故事：

张海迪是著名的作家。5 岁时，她得了脊髓血管瘤造成高位瘫痪，成了残疾儿童。每当看到窗外上学的小孩，她心里就非常羡慕，因为她也想上学。张海迪虽然不能去学校读书，但她的爸爸妈妈利用下班的时间亲自教她。她很高兴。

有时，张海迪实在感到疼痛和疲倦，连作业都无法完成，她就对妈妈说："妈妈，这些作业明天再做，行吗？"妈妈却郑重地说："今日事，今日毕。"听了妈妈的话，张海迪明白了，她要和学校里的其他孩子一样完成作业，不能拖拉。她还给自己立了计划，要是不完成当天的作业就不睡觉。

就这样，她把小学、中学的课程全部学完了，还自学了英语、日语、德语等，并攻读了大学本科和硕士研究生的课程。她还写了《向天空敞开窗口》、《生命的追问》、《轮椅上的梦》等书籍。

今日事，今日毕，拖到明天有什么用呢，明天又要拖到后天，长此以往，只能永远也做不完。可是偏偏总有一些人，不懂得这一

点，成天想着如何计划美好的未来，却不知道脚踏实地，一步一步地把每一天的事情做好。

（4）化整为零，让不可能变成可能

很多看似不可能的事情，只要开动脑筋想办法，实现起来并没有想象的那样困难。化整为零，常常是最有效的手段。

《故事时代》中的这则故事很好地证明了这一点：

1968 年的春天，罗伯·舒乐博士立志在加州用玻璃造一座水晶大教堂，他向著名的设计师菲力普·强生表达了自己的构想："我要的不是一座普通的教堂，我要在人间建造一座伊甸园。"

强生问他预算，舒乐博士坚定而明快地说："我现在一分钱也没有，所以 100 万美元与 400 万美元的预算对我来说没有区别，重要的是，这座教堂本身要具有足够的魅力来吸引捐款。"

教堂最终的预算为 700 万美元。这对当时的舒乐博士来说，不仅超出了能力范围，甚至超出了理解范围。

当天夜里，舒乐博士拿出一张白纸，在上面写上"700 万美元"，然后又写下 10 行字：

一、寻找 1 笔 700 万美元的捐款；

二、寻找 7 笔 100 万美元的捐款；

三、寻找 14 笔 50 万美元的捐款；

四、寻找 28 笔 25 万美元的捐款；

五、寻找 70 笔 10 万美元的捐款；

六、寻找 100 笔 7 万美元的捐款；

七、寻找 140 笔 5 万美元的捐款；

八、寻找 280 笔 25 000 美元的捐款；

九、寻找 700 笔 1 万美元的捐款；

十、卖掉 10 000 扇窗，每扇 700 美元。

60 天后，舒乐博士用水晶大教堂奇特而美妙的模型打动富商约翰·可林，他捐出了第一笔 100 万美元。

第 65 天，一对倾听了舒乐博士演讲的农民夫妇，捐出了第一笔 1 000 美元。

90 天时，一位被舒乐孜孜以求的精神所感动的陌生人，在其生日的当天寄给舒乐博士一张 100 万美元的银行支票。

8 个月后，一名捐款者对舒乐博士说："如果你的诚意与努力能筹到 600 万美元，剩下的 100 万美元由我来支付。"

第二年，舒乐博士以每扇 500 美元的价格请求美国人认购水晶大教堂的窗户，付款的办法为每月 50 美元，10 个月分期付清。6 个月内，一万多扇窗全部售出。

1980 年 9 月，历时 12 年，可容纳一万多人的水晶大教堂竣工，成为世界建筑史上的奇迹与经典，也成为世界各地前往加州的人必去瞻仰的胜景。水晶大教堂最终的造价为 2 000 万美元，全部是舒乐博士一点一滴筹集来的。

不是每个人都要建一座水晶大教堂，也不是每个人都要移走王屋与太行，但是每个人都可以设计自己的梦想，坐下来好好计划，找到实现梦想的种种途径。

二、21 天训练方案

1. 训练要点

(1) 形成时间紧迫感

让孩子养成做事有计划的习惯，首先要让他形成时间的紧迫感，不能吊儿郎当，总觉得还有明天。我国古代有一首非常著名的《明日歌》：

"明日复明日，明日何其多，我生待明日，万事成蹉跎。世人若被明日累，春去秋来老将至，朝看水东流，暮看日西落。百年明日能几何？请君听我《明日歌》。"

时间不会留恋什么。如果现在不珍惜时间，不抓住时间的分分秒秒，它只会一去不复返。孩子越有时间紧迫感，越能珍惜生命，越不会虚度年华。

（2）合理安排，重点突出

同样的事情因为不同的安排，可能会产生不同的结果。比如说，有的孩子放学回家先写作业再复习功课，有的孩子却恰好相反。哪种方法好呢？

一天学下来的功课，没有消化就急急忙忙写作业，看起来好像节省了时间，实际上做作业的时候可能会遇到很多障碍，导致错误百出。

而反过来先复习再写作业，把一天所学的知识融会贯通后，再用作业的形式检查学习效果，最能发现学习上存在的漏洞。这样做作业，既是总结，也是查漏补缺。

这样，哪种方法更好就很清楚了。

所以，做计划时一定要找到合理的顺序，才能起到最好的效果。

当然，光顺序合理是不够的，还要找到重点。教孩子学会根据自己的情况确定重点所在。

同样以孩子的学习过程为例，预习、上课、作业、复习等环节都是不可缺少的，那是不是就一定要平均分配精力呢？

不是的。平均用力就失去了重点，有的孩子上课时接受速度较慢，可能跟不上老师的节奏，那就需要在预习上多花点时间；有的孩子学得快忘得也快，就要在复习的环节下工夫。

（3）劳逸结合，有张有弛

一口吃不成个胖子，做好一件事情也需要一步一步地来。一个好的计划，应该是劳逸结合、有张有弛的。

时间安排得太满，会使孩子长时间处于紧张状态，得不到放松，久了只会积蓄压力。时间安排得太松，又会使人懒散。

张弛有度的节奏能帮助孩子更有效率地达到目标。所以帮助孩子制订计划的时候，不能太心急，一定要根据孩子的实际情况确立节奏，如果在实施的过程中觉得不是很妥当，还可以根据实际的进程进行调整。

2. 方法和步骤

(1) 引导孩子学会运用和把握时间

这是做事有计划最首要的一点。让孩子学会运用和把握时间要注意以下几点：

一是时间规划的制定。

首先要保证日常的基本需求，其次才能谈得上对事情的安排。时间的安排要留有一定的余地，也要注意紧凑。

二是保证孩子的睡眠。

孩子现在正处于身心快速发育的时期，无论做什么计划都不能以破坏身体的正常发育为代价。保持充足的睡眠是帮助孩子保持充沛的精力和清醒的头脑，以更好更快地完成计划的必要前提。

三是孩子对时间的安排有模糊的地方，父母或者老师要帮忙。

由于孩子对一些事情的时间需求量不是十分清楚，这样制定出来的计划不见得就十分合理，因此需要父母或者老师帮助，以使时间的安排更加合理。

(2) 教孩子学会合理计划

一是对要做的事情有具体的时间规定。如每天用半个小时写作业、在一个星期内学会某种家务等。

二是有所准备。既要有心理的准备，如饱满的精神状态、达到目标的自信等，也要有必要的物质准备，比如学习做菜要提前买好菜、准备好调料等。

三是有具体的措施和安排。在某一个阶段，要达到什么目标，采取什么措施，最好有明确的安排。比如孩子现阶段的主要任务是学习，那么周一到周五除了上课之外，还要抓好早自习和放学回家后的时间。早上可以背诵、记忆基础知识，放学回家主要是复习、做作业和预习，还要安排出玩和劳动的时间。周末应该做一次小结性的复习、做作业和参加课外活动。寒暑假时间较长，除了完成假期作业，还可以安排较多的课外阅读和文体活动等。

(3) **监督孩子严格执行，按计划办事**

虽然孩子制定了做作业的计划和花零用钱的计划，却还是会作业写到一半就跑去看动画片，或一冲动花光所有的零花钱。是的，他计划了，这是好事。可是，制定了计划不去执行，等于没有计划，甚至比没有计划更糟糕。因为这样很可能让他养成一种不好的习惯，缺乏执行计划的行动力。这就需要父母监督孩子执行。

监督孩子执行计划要注意这样几点：

一是必须完成。

计划制定完了，必须执行，不能放在一边不管。"完成"是一种意识，既要在规定的时间内为自己所做的事情画上句号，又要保证较好的质量，也就是"干得漂亮"。

如果孩子制定了计划，却不执行；或者计划执行了一半就不再坚持，这时父母就要提醒孩子。当孩子完成了一项计划，父母要给予表扬和鼓励。

二是严格按计划办事，在诱惑面前保持冷静。

美国前总统罗斯福的大儿子詹姆斯 20 岁时独自去欧洲旅行。回家之前，他看到一匹好马，便用手中余下的钱款买下了它，然后打电报给父亲，让他快点给自己汇旅费来。结果，父亲给他回了一个电报："你和你的马游泳回来吧！"碰了这个钉子，詹姆斯不得不卖掉马，买了票回家。从此，他懂得不能随便无计划地乱花钱。

三是可以适当调整计划。

计划的执行虽然要求严格，但不等于呆板地执行。在孩子执行计划的过程中，发现问题或遇到突发情况，完全可以灵活处理。这也是我们之所以要求时间安排有弹性的原因之一。

(4) **让孩子学会每日小结**

"一日三省"是很必要的环节。因为反省容易让孩子发现自己执行计划时的遗漏，清楚自己的得失，总结经验教训。

小结的方法有很多种，这里介绍两种：

一是睡前十分钟小结。结束了一天的生活，躺下来静静地想一想：我今天做了什么？是否完成了阶段计划的目标？今天有进步吗？有什么特别的体会呢？明天还要继续坚持吗……

二是写日记进行小结。把计划制定、实施情况、心得体会都详细地记录下来，计划完成了，孩子会发现自己又多了一笔财富。

3. 训练和评估表格

表格使用方法："选择目标"、"自我检测"部分由孩子自己填写，"父母评测"由父母填写，"班主任评估"由班主任填写。

选择目标	目标测试	□明确近期要做的某事，如组织全家出游 □能合理安排时间　□有具体的操作步骤 □不明白处请父母或老师帮忙　□按计划执行			
	最终目标				
自我检测		已完成目标	未完成内容	下一步安排	个人心得
	7日检测				
	7日检测				
	7日检测				
父母评测	完成情况	□完成　□大部分完成　□少部分完成　□完全未做			
	与孩子沟通情况	□沟通良好　□有沟通，但时间很短　□根本未沟通 沟通内容/未沟通原因：_____			
	建议				
班主任评估	完成情况	□完成　□大部分完成　□少部分完成　□完全未做			
	与学生沟通情况	□沟通良好　□有沟通，但时间很短　□根本未沟通 沟通内容/未沟通原因：_____			
	与家长沟通情况	□沟通良好　□有沟通，但时间很短　□根本未沟通 沟通内容/未沟通原因：_____			
	评语				

三、主题延伸阅读

神奇的项圈

（一）

放学的时间已经过了很久，但四年级三班教室里的灯光还亮着。学校里已经没有什么学生了，因为六点钟的动画片马上就要开演了，谁还会在学校里耽误工夫呢？

可是有一个孩子还没有走，今天班主任老师给他下达命令，不写完作业就别回家。这不，他正委屈地坐在自己的课桌前，愁眉苦脸地写着作业。

他叫彭鹏，是星星小学四年级三班的学生，他的作业已经连续7天没有合格了，这不仅打破了自己创下的连续5天作业不合格的纪录，而且也把班主任的耐心给考验到了极限。所以今天老师下命令让他写完作业再回家。

其实彭鹏自己也是一肚子苦水，他觉得自己每天已经尽了最大努力，可是每天的事情真是太多了，写作业、游戏、看电视、复习功课、帮妈妈做家务、锻炼身体……所有的事情都需要他亲自完成，这对于一个10岁的孩子来说，的确太不容易了。

（二）

好不容易写完了作业，天已经完全黑了，他急匆匆地往家里跑去，因为今天是他一直关注的动画片的最后一集，所以一路上他跑得飞快。

"砰"的一声，他推开了家门闯了进去。巨大的声音把正在厨房里做饭的妈妈吓了一跳。妈妈以为是强盗闯进来了，急忙拿着铲子跑出了厨房，看见彭鹏像一阵烟一样，冲进了客厅，用最快的速度打开了电视。这时动画片的片尾曲响了起来，节目结束了。

彭鹏难过地在屋子里放声大哭，妈妈和爸爸急忙跑过来问："怎么啦？怎么啦？是不是又被老师批评了？"

彭鹏哭着说："为什么每个人都跟我过不去，为什么我想做的事情一件也做不了呢？"

爸爸听了以后，哈哈大笑，说："就这点事啊，好办，明天我就给你带一个好帮手来。"

彭鹏半信半疑地问："真的？"

爸爸拍着彭鹏的头说："那当然，你看爸爸什么时候骗过你？"

听了爸爸的话，彭鹏破涕为笑。

（三）

彭鹏的爸爸是一个著名的发明家，研究出了许多科技产品，获得了无数的奖状和证书。为了实现对儿子的承诺，爸爸连晚饭都没有吃，一头钻进了实验室，科研开始了。

彭鹏和妈妈正在餐厅里吃饭，却听见爸爸的实验室里不时传来一阵阵乒乒乓乓声。

彭鹏担心地问："妈妈，爸爸在干什么呢？"

妈妈一边给彭鹏夹着菜一边说："还不是帮你想办法？"

彭鹏又问："爸爸能想出来吗？"

妈妈肯定地说："当然，你爸爸什么时候让你失望过？"

彭鹏想，妈妈说得也对，因为爸爸确实从来没有让他失望过。他还记得小的时候他不会游泳，胆子又小，一见水就怕得大哭。可是爸爸为了让他学会游泳，特意为他设计了一个游泳机器人。机器人的身体是用有很大浮力的海绵做成的，要下水的时候，先把机器人的四肢和自己的四肢固定到一起，然后打开开关跳下水去。这样机器人的四肢带动着他的四肢进行正确的划水，而海绵的浮力也不会让他沉下去。渐渐地，机器人四肢在他不注意的情况下停止了工作，而他还按照原先的动作继续滑水。海绵的浮力渐渐消失，而他却已经可以自在地漂浮在水面上了。这时，机器人完全脱落，他的游泳技能也就练成了。

还记得在彭鹏8岁的生日那天，爸爸送给了彭鹏一个神奇的电子宠物狗，这只小狗的作用可真是大了，他不仅每天要叫彭鹏起床，而且还可以和他游戏，甚至能当彭鹏的保镖。从那以后，没有人再敢欺负彭鹏了，他的朋友们很羡慕彭鹏有这样一个能干的爸爸。

"砰"的一声巨响，把彭鹏的思绪从记忆中拉了回来。从爸爸的实验室里冒出来一股股黑烟。爸爸满脸漆黑地从实验室里走了出来，衣服上也到处都是黑色的斑点。

"瞧你弄得，衣服白给你洗了。"妈妈不高兴地说。

"哈哈，你们看，我研究出什么来了。"爸爸根本就没有注意到妈妈的不悦，而是兴奋地伸过手来给他们看，在他手里有一个金色的金属圆环，圆环上还镶嵌了一些光彩夺目的宝石。

"这是什么啊？"彭鹏问。

"你们猜。"爸爸神秘地说。

妈妈仔细地看了一会儿说："这不是我们女人戴的项圈吗？"

爸爸说："再仔细看看，仅仅是项圈吗？"

妈妈和彭鹏都摇了摇头，表示没有看出什么来。

爸爸激动地说："那么现在就向你们隆重推出，本年度最伟大的发明——计划项圈。"

"计划项圈？"彭鹏和妈妈异口同声道，"这有什么用？"

"你不要小看了它。"爸爸说，"它可是集科技与艺术于一身的产品。只要你把你这一天要做的事情和时间安排扫描进项圈里，它就会像小秘书一样，提醒你什么时间应该去做什么事情了。"

"可是他对我有什么用啊？"彭鹏问。

"它不仅可以提醒你，而且只要制定出计划来，他都可以强制你去执行，呵呵，这样你就不会担心时间不够用了。"

"真的？那我还真要试试。"彭鹏兴奋地接过项圈跑到自己的房间制订计划去了。

台灯下，彭鹏把一张白纸写得满满的，这是他明天的计划。

6点起床

6点15分外出跑步

7点吃早饭

7点半去学校上课

······

计划详细得甚至明确了上厕所的时间。

看着自己的这份计划书，彭鹏激动地想：如果照这样的计划做下去，不久以后，我就会成为全国最优秀的少年了。

彭鹏把计划扫描进了项圈，然后按下了执行键，开开心心地躺到床上睡觉去了。

（四）

"彭鹏，你的进步可真大呀，已经连续十次测验考了全年级第一了。"班主任老师激动地抱着彭鹏说，"你真是我的骄傲，我为有你这样的学生感到自豪。"

彭鹏第一次看见老师眼里闪着晶莹的泪花。

班主任老师还拉着彭鹏的手要说些什么，彭鹏有些不耐烦了，他还有很多的事情要做呢，而且今天下午还有一个很重要的采访。

之后，他来到了操场上，本来热闹的操场一下子安静了。很多学生在小声地议论："看，他就是那个举世闻名的天才。"

接着，平静的操场沸腾了，很多学生如潮水般涌向了他，千万只手拉扯着他的衣服，每一个人都以能触摸到他而感到荣幸。

费了半天的劲，彭鹏才从人群中逃了出来，可是衣服已经破烂得不成样子了。这怎么能出席下午的记者招待会呢？彭鹏想。还是赶紧回家换一件衣服吧。

回到家里，换好衣服，接他的车子已经来到了门口。两个带着墨镜的黑衣人恭恭敬敬地把他请上了车。

车子开动了，加长的宝马高级轿车开起来就是平稳，不知不觉彭鹏就在座位上睡着了。等他睁开眼睛，却发现轿车已经开到了郊区。

"咱们这是去哪儿？"彭鹏紧张地问。

"去一个神秘的地方。"一个黑衣人说。

"绑架！"彭鹏想。

"救命啊！"他刚一喊，就被一个人捂住了嘴。

这时另一个人说："不要闹，只要你跟我们合作，一切都会没事的。"

"合作什么？"彭鹏问。

"我们想让你帮我们制造核武器。"一个人说。

"我不干，这会挑起战争的。"彭鹏抗议道。

"不干也得干！"黑衣人恶狠狠地说。

彭鹏抓住了一个机会想要逃跑，却被一个人抓住了，那个人掐着彭鹏的脖子说："你不给我们干，我们也不能让你给别人干，我掐死你。"

彭鹏觉得自己的脖子一紧，气马上就喘不上来了。

彭鹏一边挣扎一边大声喊，这时他睁开了眼睛，发现刚才只不过是一个离奇的梦，但是脖子还是好像被人用手掐着，原来是项圈提醒他该起床了。

（五）

"这个东西还真野蛮。"彭鹏一边揉着自己的脖子一边说。

很快，跑步的时间就要到了。彭鹏走出家门，发现天还是黑漆漆的，一阵冷风呼啸着从楼群里穿过。冷风吹在身上，冻得彭鹏直打哆嗦。街道上一个人也没有，冷冷清清的。

"在这鬼天气里跑步，纯粹等于玩命。"彭鹏退缩了。他开始怀念温暖的被窝，后悔自己不应该制定这样的计划。

他刚想退回去，脖子上的项圈就是一紧，勒得彭鹏直咳嗽。这是什么鬼东西！彭鹏一边心里骂着，一边找着项圈上的取消键，结果根本没有。看来他只好迎着寒风跑步了。

30分钟的跑步，对彭鹏来说就仿佛是去了一趟地狱。回到家时已毫无力气。

一进家门他就哭着哀求："爸爸，这个东西我不用了，你给我摘下来吧。"

爸爸挠着头说："哎呀，这个东西是新发明，我忘记装终止键了，看来这一天你都要按照你的计划来进行了。"

听了爸爸的话，彭鹏难过得差点昏过去，可是他还没来得及闭上眼睛，项圈就提醒他，上学的时间到了。

在学校的这一天，对彭鹏来说简直就是灾难。本来不想上厕所，可是项圈偏偏把他往厕所里拉，等想上厕所的时候，项圈又让他呆在教室里不能动弹。

由于老师放学晚了3分钟，项圈差点把他勒死。回家后，由于时间安排上的错误，彭鹏的作业和动画片都没有及时完成。

终于，在10点的时候，项圈完成了一天的任务以后自动脱落了。彭鹏跑到爸爸的实验室大声地对爸爸说："你给我的这个东西，根本就不好！"

爸爸笑着说："真的是因为项圈的缘故吗？"

彭鹏仔细地想了想，是啊，谁叫自己太好高骛远，制定了这么多计划弄得自己根本就完成不了。

爸爸见彭鹏低着头没有说话，就接着说："想要让自己变得更出色，这样的想法很好，但是也不可能一口吃成个胖子啊。给自己定的目标不能太高，也不能太远，一定要符合自己的实际。呵呵，否则就变成灾难啦。"

彭鹏说："可是这个项圈也太厉害了。"

爸爸说："其实，项圈的作用不是为了惩罚，而是为了提醒啊。"

爸爸接过彭鹏手里的项圈，想了一会儿说："这样吧，我把它改改你再用。你也去把明天的计划想清楚。"

现在彭鹏可吸取教训了，他知道计划不能定得过细，也不能把什么事情都安排上，因为是计划，就不能把事情定得太死，应该适当合理地安排时间。可是灵活的计划，他以前也定过，但从来就没有完成过，真的能执行得了吗？

（六）

第二天，带着项圈的他，进展竟然出奇的顺利，项圈几乎就没有怎么惩罚他。只有当他想要偷懒和想要放弃的时候，项圈勒了他几下。晚上，彭鹏惊喜地发现，这一天他不仅完成了所有的事情，而且还剩下了很多自由支配的时间。他惊喜地问爸爸，这是怎么回事。

爸爸笑着对他说："这都是项圈的功劳啊。你以前也制定了很多计划，但从来就没有完成过，有了这个项圈，你看你做得多好。"

彭鹏笑了笑。

爸爸接着说："还有什么感受，时间是不是还觉得不够用啊？"

彭鹏笑着说："不是，说来也怪，今天好像时间很宽裕。"

爸爸笑着说："不是时间富余了，而是你合理地安排利用了。如果一个人会合理地安排和利用时间，就能做许许多多的事情；如果这个人不会安排时间，那么他什么事情也做不了，而且还觉得忙忙碌碌的。"

彭鹏说："可是，有的时候我自己控制不了自己。"

爸爸说："那就得靠项圈帮忙了。但是，你应该知道，一个人是不能永远依靠工具的，你应该自己管理自己。"

彭鹏想了想说："这样吧，爸爸，这个项圈先放你那，等我管不了自己的时候再向你借。"

爸爸笑着说："这就说明你长大啦。哈哈……"

第二天彭鹏坚持完成了自己的计划。

第三天彭鹏也是如此。

后来彭鹏再也没有向爸爸借过项圈，他也再没抱怨过时间不够用。

现在难题回到了爸爸的身上。他在为是否推广这个发明而犯愁。因为他既想帮助那些和彭鹏一样的孩子，又觉得他们完全有能力自己战胜困难。他相信，所有的小朋友，都可以不依赖任何工具而让自己变成一个出色的孩子。

习惯四：

坚持每天锻炼身体

一、导入部分

1. 理念

考一所好大学、找一份好工作、开拓一份属于自己的事业、成为某个领域的专家……为了实现这些梦想,孩子们每天埋头于功课,却忽略了一件重要的事。

这件事,就是"坚持每天锻炼身体"。即每天安排一定的时间,做一些适合他们的运动,长期坚持,以达到强健体魄、促进心智的效果。

坚持每天锻炼身体,不仅是在培养一个良好的习惯,也是在形成一种健康的生活方式。坚持锻炼身体,使很多人获益匪浅:

著名经济学家马寅初,一向重视体育锻炼,从十几岁开始,直到百岁高龄,从未间断。他一生坎坷,却奇迹般地突破了百岁大关;

著名作家海明威的父亲酷爱体育运动,常常带着他走村串户,穿林渡水。4 岁时,父亲给了他一支猎枪,他开始了独立活动,很快迷上了钓鱼、打猎和探险。海明威之所以能写出《老人与海》这样的作品,与其幼时的经历分不开;

……

生命在于运动。每天锻炼身体,能强身,更能强心。

2. 描述

(1) 增强体质，获取强健体魄

身体健康很重要，但很多人都忽视了体育锻炼的作用。一个身体孱弱的人，如果锻炼方法得宜，又能每天坚持，健康也会自己送上门来。

《读懂人生》中讲述了吴图南的故事：

武术大师吴图南幼时体弱多病，曾患过肺结核、黄疸肝炎，还因癫痫抽风，致使右腿比左腿短约两厘米。家里人都以为他活不成了。9 岁时，幸遇清朝太医李学裕为他诊治。李太医说："你这病光吃药不容易好，最好要配合习武练功。"于是他拜名家为师，学习武艺。练了一年多，他脸色红润，身体也逐渐结实起来了。经过十多年的刻苦磨炼，他学会了太极拳和刀、枪、剑、棍等各种技艺。从此，他身体健康，精力充沛，以优异成绩毕业于当时的京师大学堂。

进入晚年，吴图南每天早晚坚持练太极拳，每次都练得很认真，还请别人将其每个动作都拍了片，多达 400 多张，他自己从透视片上看每个姿势，遇有不符解剖之处，便逐一校正动作，使运动更为有益于生理活动。

由于坚持练拳，吴图南在百岁之龄，仍然健康如昔，精力充沛，记忆力不减。他晚年仍坚持从事武术史和太极拳的研究，出版多部著作，并在"国际太极拳表演观摩会"上，以其炉火纯青的拳术，荣获一枚金光闪闪的奖牌。

由此可见，体育锻炼益处多多。

适当的体育锻炼可以促进全身血液循环，保障骨、脑细胞充分的营养，尤其对正在长身高的孩子来说，能促进长高激素分泌及肌肉、韧带和软骨的生长。

(2) 激活思维，促进智力水平的发展

每天锻炼身体，坚持运动，看起来只是强健了体魄，灵活了肢体，跟智力水平的发展没什么关系。但我们仔细观察会发现，一个

行为迟钝的人很难学习超群。因为大脑思维的灵活性与肢体的灵活性是相联系的。关于这一点，《好父母》一书进行过详细的阐述：

我们仔细观察会发现，很多有学习问题的孩子，他们的视觉跟踪力差，阅读计算时常常出现丢字、串行、看错数，这和他们的眼肌控制能力差有关。而大脑对眼肌的控制，必须是在充分的活动中展开，像一些有追踪目标的运动和投掷运动都对眼肌的发展有直接作用。

很多注意力不集中的孩子，经测查，他们的内耳前庭发展不平衡，这导致孩子处于情绪不安稳的状态，严重影响了他们的上课听讲和作业。内耳前庭的发展，正是在奔跑和荡悠中实现的……

锻炼身体对智力水平发展具有促进作用，现实生活中不乏这样的例证，著名教育专家孙云晓教授曾讲过康健父子的故事：

康康出生时才5斤2两，这让身为体育老师的父亲康健感到很失望。康老师开始实施他独特的健康第一、体育为主的家教方针。从康康会走路到他初中毕业十多年的时间里，康老师每天都带孩子进行至少一个小时的体育锻炼，从未间断。康康大一些时，周围许多父母都带孩子去学习各种特长，康老师经过思考，觉得让孩子进行体育锻炼比学习美术、钢琴更重要。于是，当别人家孩子都去参加特长班学习的时候，康老师却带着孩子到各种体育场所去，观看其他人的锻炼活动，让孩子感受到运动给人带来的活力，使孩子受到熏陶。

运动对智力大有好处。虽然康康用在学习上的时间比较少，但他的学习成绩却名列前茅。因为康康经过体育锻炼之后，精力比别的同学旺盛，上课能够专心听讲，作业完成速度快。而且，康康抗挫折的能力也较强，如果偶尔成绩不理想，康康也不会垂头丧气，而是依旧对自己充满信心。

很多孩子，为了学习主动或被动地放弃了锻炼身体，这是很不明智的。不锻炼身体的人常感觉四肢乏力，打不起精神做事情或学习。身体健康是保障，只有身体好了，学习起来才会更轻松。

（3）磨炼意志，塑造良好的个性心理

参加体育运动，经常需要克服很多困难、遵守规则、调节和控制某些不利的个性品质，因此能帮助孩子培养坚强的意志、勇敢、果断、积极向上等良好品质。

罗伯特·安德罗·米利肯是美国著名物理学家，他毕生努力奋斗，取得了卓越的成就。这与他幼时受到的锻炼分不开：

米利肯是个穷孩子。家中兄弟姐妹7人，他排行第二。父亲是个公理会的穷传教士，收入有限，加上孩子多，家境相当拮据。可父亲常常对孩子们说：穷并不可怕，可怕的是没有志气。这句话深深扎根在小米利肯的心中。

父亲还指导他进行体育锻炼，游泳、打球、骑马，他都很喜爱。因此他的体魄比起一些蜜罐里长大的孩子要强健得多，精力十分旺盛，这为他以后长期从事艰巨繁重的学习和研究创造了良好的身体条件。

经常进行体育锻炼的人，会比一般人更加乐观和热情。因为体育能增进快乐，帮助人调节情绪。一些研究证明，经常进行体育活动的人，大脑会分泌一种叫做内腓肽的物质，科学家称之为快乐素，它就是能使人愉悦的秘密。

（4）提高生命质量，提供更多发展机会

身体是革命的本钱，健康的身体是人一生中学习、生活的有力保障，有健康就有希望，有健康就有一切。运动首先给我们带来健康。身体健康是获得高质量生命的前提，也能为人的发展提供更多机会。

《好父母》中就有这样的例子：

三毛的父亲陈嗣庆，是台湾著名律师。陈嗣庆除了律师职业外，最大的爱好就是体育。他从小学六年级开始踢足球，网球场上也常有他的身影，撞球的水准一流，乒乓球少有对手。年逾古稀时，每天早晨必定做了全身运动后才上班，傍晚下班，要提前两三站下车，然后徒步回家。像这样对体育一丝不苟的精神，潜移默化地转变为他对事业的认真和执著。

他对四个子女的培养，有一个明确的目标，希望有一个能成为体育运动员，一个成为艺术家，其余两个成为"正直的人"，能够自食其力即可。

为了培养子女成材，他从不吝惜金钱。陈嗣庆在经济并不宽裕的情况下，费了九牛二虎之力，在家中置办了各种体育器材，如乒乓球台、撞球台、篮球架、小冰场、篮球场等。

功夫不负有心人。后来，号称"白雪公主的姐姐"的大女儿陈日心成了一名钢琴老师；二女儿三毛成了一名著名散文作家兼画家；大儿子当了商人；小儿子陈杰继承了他的事业，学了法律。只有一项培养目标落空，即四个子女中没有出现一个体育明星。虽然如此，次女三毛和女婿荷西却以自己的爱好和坚持，给他带来了不小的安慰。三毛和荷西都是体育爱好者。有一次，三毛从国外回来，陈嗣庆高兴极了，把培养体育明星的希望又放在三毛身上，他给三毛买了二手球拍，和孩子一起锻炼。

正是由于三毛热爱体育运动，才有精力横穿沙漠，写出独特的文章。

运动中需要伙伴，孩子能在运动中学会与他人沟通和相处。据研究结果表明，凡运动能力发展良好的儿童，其社会化的质量也好；相反，凡运动能力发展迟缓的儿童，其依赖性强，社会性也欠缺。

另外，如果孩子在体育锻炼中发现了自己真正热爱并且想从事一生的行业，这何尝不是人生的机会呢？不少人就是在体育锻炼中发现了自己的长处，进而不断拼搏，最终在体育事业上一展英姿，为国争光的。

二、21 天训练方案

1. 训练要点

(1) 重视体育游戏

体育游戏是孩子最主要的体育活动内容，在游戏中锻炼身体素质，发展基本活动能力的同时，也能满足孩子的心理和身体需要。

体育游戏中有发展各种动作的游戏，如"捉人"能发展跑的动作；"运西瓜"能发展抛接球的动作；"走钢丝"能发展平衡能力；"小猴摘桃"能锻炼跳跃能力；"小熊猫钻山洞"能发展钻爬动作等。

还有使用玩具的体育游戏，不仅能使孩子心情愉快，对运动产生热情，而且能有目的地发展孩子的体能。分享玩具也能使孩子结识更多的伙伴，产生友谊。

皮球、绳、沙包是常见的体育游戏玩具，在使用这些玩具的同时，也能发展视觉和触觉。在身体前后左右移动的过程中，孩子会变得更灵活、更敏捷，从而提高对空间和时间的知觉能力，增强反应能力。

(2) 活动尽量多样化

很多孩子习惯于玩某一种游戏或进行某一种单一的运动项目，特别是在刚学会某种运动之后，新鲜感未退，兴趣正浓，会特别热衷于该项运动。但是这种运动习惯并不科学，一是容易产生疲劳，二是不能有效、均衡地锻炼到身体的各个部位。

孩子现在正处于身心快速发展的时期，身体各部位尚未发育成熟，还未定型。如果长时间只进行某一种运动，很容易造成某个相应的部位特别发达，这对于身体的整体协调发展十分不利。所以活动要尽量多样化，双腿既要走、跑也要有蹲，身体有屈也要有展，双臂有伸有振也要有举，各种动作配合进行，才能促进身体的全面发展。

（3）克服懒惰

增强体质，提高身体各器官的生理技能，以及形成正确的动作技能，并不是偶尔活动活动就可以实现的，一定是经过了长期反复的锻炼和不懈坚持才能获得。

懒惰是最大的敌人。很多孩子在春暖花开和秋高气爽的时候，还能坚持每天进行锻炼，可是夏天太热和冬天太冷的时候，还是觉得呆在家里舒服，心想就懒这一次。可是，懒惰是会传染的，也会形成坏习惯。一天一天懒下去，好习惯怎么可能养成？

锻炼要经常，天天都需要。

2. 方法和步骤

（1）培养孩子运动的兴趣

孩子现在处于生长发育和素质发展的敏感期，可塑性很强，是养成自觉锻炼身体习惯的好时机。

孩子要养成爱好锻炼的生活方式，首先要形成运动的兴趣，为此，父母可以从以下几个方面入手：

一是鼓励孩子多到户外活动，呼吸新鲜空气，接受阳光照射；

二是经常带孩子去公共场所观看他人运动，感受运动给人带来的活力，从中获得熏陶和感染；

三是给孩子机会参加一些运动游戏，尝试完成一些较难的动作或完成一项较复杂的游戏任务，扮演一个主要角色及遵守共同的约定等，体会游戏的乐趣；

四是让孩子通过电视、书籍等了解一些体育常识。

（2）帮助孩子选择适合他们的锻炼形式

体育运动的多样化决定了锻炼形式的多样化，孩子选择最适合自己的形式，有助于他们更长久地坚持。

如何帮助孩子选择最适合他们自己的锻炼方式呢？这里结合《好父母》一书对这个问题做一些说明，主要从两个方面入手。

第一，按照他们的年龄和身体特点选择适合的动作变化：

动　作	发　展　变　化
走、跑动作	变化路线——直线走、后退走、横向走
	变化活动的方向——向前走、后退走、横向走跑
	变化身体的重心——脚尖走、脚跟走、半蹲走、脚内侧或外侧走或跑、高抬腿、踢臀走或跑
	变化节奏走跑——快节奏、慢节奏、快慢交替走跑
	变化动作的幅度——大步走跑、小步走跑、跨步走跑等
跳跃动作	原地向上跳——跳起顶物(头顶球、绒布制的小动物等)、跳起触摸玩具、跳起打击玩具等
	从高处往下跳——高度随年龄而变，10～40厘米不等
	原地向四面跳——双脚向前跳、向后跳、向侧面跳
	连续跳——双脚、单脚都可以做，连续向前跳、连续向后跳、向左跳、向右跳、模仿小兔子跳、模仿蛙跳等
投掷动作	投远——手拿投掷的玩具往远处扔
	投准——手拿投掷玩具投打地上/墙上画的目标、活动的目标
发展平衡能力的动作	旋转——自转、与小伙伴拉手转
	手拿或头顶玩具——在窄道上、平衡木上走或跑
	闭眼行走——闭上或蒙上双眼，行走或摸物
	玩玩具——滑板、独轮车、小自行车等

以上是一些基本的动作及其变化。我们可以根据孩子的年龄和身体发育状况引导他们选择合适的运动方式。注意不要让孩子贸然选择危险度较高的项目，比如在平衡木上走或跑等，最好让孩子在父母陪伴和看护的情况下进行。

此外，还要注意运动场地的选择，最好选择专业的运动场地，不要在人多喧闹的地点进行，以免造成孩子意外伤害。

第二，按照孩子性格特点选择适合的项目：

性格特点	建议选择的项目	有利的影响
不太合群，不习惯和同伴交往	足球、篮球、排球以及接力跑等集体项目	逐步改变孤僻习性，适应周围的群体交往
胆小，做事怕风险，容易害羞	游泳、滑冰、滑雪、拳击、摔跤、单双杠、跳马、跳箱、平衡木等有挑战性的项目	不断克服害羞、胆小等心理障碍，战胜困难
犹豫不决，优柔寡断	乒乓球、羽毛球、网球、拳击、跨栏、跳远、跳高、击剑等项目	锻炼人的果敢性
性情急躁，爱冲动	打太极拳、慢骑自行车、射击等需要考验控制力的项目	有益于稳定情绪
自信心不够	跳绳、俯卧撑、做广播体操等项目	增强自信心
做事不能正常发挥，容易紧张	公开的、激烈的体育比赛	锻炼冷静沉着应对比赛的能力
好逞强，爱自负	技巧、跳水、体操、马拉松等难度较大、动作较复杂的项目，多找几个对手	懂得天外有天的道理

我们可以根据孩子的性格特点选择最适合孩子的运动项目，在体育锻炼中完善孩子的人格。但要提醒一点，有的项目如平衡木、跳马等危险性较高，一定要在有专业人员指导的时候才可以做。

（3）鼓励孩子循序渐进有计划

有些孩子刚开始进行体育锻炼时，心态不是很好，恨不得一下子达到专业运动员的水平，所以常常违背了体育锻炼的一条重要原则，即必须循序渐进。

青少年年龄小，肌肉发展不够成熟，耐力相对大人要差一些，心脏负荷相对也小。因此，做任何动作都应该逐渐适应，慢慢掌握。活动量也要逐渐加大，不要操之过急。在孩子刚开始进行体育锻炼时，强度不要太大，只要有些微汗，面部觉得有些发热，动作协调，活动量就是比较适宜的。告诉孩子罗马不是一天建成的，体育锻炼对人的影响是潜移默化，而非立竿见影的。

在孩子制定锻炼身体的计划时，要注意以下几点：

一是每天有定时、定量的安排，比如早晨六点半至七点是长跑的时间，临睡前做 30 个仰卧起坐等。

二是灵活安排地点。天气好可以选择户外活动，天气不好时则应安排室内活动。

三是多种锻炼方式结合，避免活动单一化。

四是可以和伙伴、家人一起进行，既能相互鼓励和监督，还能进行一些集体性的活动。

（4）监督孩子坚持不懈

要孩子坚持每天锻炼身体，难就难在"坚持"二字。坚持就意味着更多的努力和付出，更多的汗水和忍耐。

如果孩子有些时候实在无法控制自己，那就在实行计划之前，父母或者老师与其约定，对他们进行监督。还有一个方法就是和要好的伙伴共同制订和实施计划。

3. 训练和评估表格

表格使用方法："选择目标"、"自我检测"部分由孩子自己填写，"父母评测"由父母填写，"班主任评估"由班主任填写。

选择目标	目标测试	□有参与体育活动的兴趣　　□有坚持到底的决心 □选择适合自己的运动　　□有具体的计划和安排 □每天实施			
	最终目标				
自我检测		已完成目标	未完成内容	下一步安排	个人心得
	7日检测				
	7日检测				
	7日检测				
父母评测	完成情况	□完成　　□大部分完成　　□少部分完成　　□完全未做			
	与孩子沟通情况	□沟通良好　　□有沟通，但时间很短　　□根本未沟通 沟通内容/未沟通原因：_____			
	建议				
班主任评估	完成情况	□完成　　□大部分完成　　□少部分完成　　□完全未做			
	与学生沟通情况	□沟通良好　　□有沟通，但时间很短　　□根本未沟通 沟通内容/未沟通原因：_____			
	与家长沟通情况	□沟通良好　　□有沟通，但时间很短　　□根本未沟通 沟通内容/未沟通原因：_____			
	评语				

三、主题延伸阅读

巨大的星球

（一）

浩瀚的宇宙中，有一艘银色的飞船，如梭子一般划过漆黑的苍穹。

"舰长，根据探测器传来的数据分析，在 10 亿光年左右的地方，有一个星球上面出现了生命的痕迹。"说话的是小绿，一个 14 岁的小女孩儿。小绿虽小，可不要小看她，她可是咕咕星球上最出色的导航师。然而在她看来，最让她感到自豪的，并不是她出色的导航技术，而是她烧的饭菜。虽然很多人劝她不要再尝试做饭了，可她还是把做饭当成了最大的爱好。

"好，做好准备，我们全速前进。"舰长也是一个 14 岁的孩子，虽然他的年龄不大，可是他的驾驶经验却是咕咕星球上最丰富的。他叫安迪，是一个十分沉稳的孩子。虽然他有的时候很害怕小绿，但是通过漫长的旅行，他已经在这艘飞船上建立了威信。

"舰长，不好了，大山闯进食物储藏室了。"一个个子不高的小孩子操纵着一个机械身躯走了进来。他叫彭客，是一个发明家，别看他只有 14 岁，可他发明的物品已数不胜数。不过，他有一个缺点，那就是懒得出奇，这不，为了能让自己更加省力气，他给自己发明了一个机械身躯，只要坐在这个机器人的大脑里，他就可以用自己的意念控制机器人，他想做什么，机器人就可以为他做什么。

"什么？大山跑进了我心爱的食物储藏室？我要让他知道我的厉害。"小绿飞快地冲了出去。因为她知道，任何食物，只要被大山看见，就绝不可能有剩余。虽然大山只有 13 岁，但他的食量却大得惊人，而且胃口就好像无底洞，从来就没有感觉吃饱的时候。所以他每天做的第一件事情就是去寻找食物。

（二）

也许你会觉得奇怪，为什么这艘飞船上，全都是一群年纪不大的孩子呢？他们在宇宙中要寻找什么呢？这就得从他们居住的咕咕星球讲起了。

突然有一天，咕咕星球上产生了一种难闻的气味。所有人想尽各种办法都不能阻止这种气味的蔓延。他们洒了大量的香水，可是，香水的气味和那种气味混合在一起，变得更加刺鼻了。

星球上的科学家，聚在一起研究了7天7夜，最后红着眼睛，疯狂地跑了出来，大声地喊道："不好了，不好了，星球已经开始从芯里腐烂了。"

这句话让全球的人都惊慌失措，很多人开始匆忙搬迁，可是他们忽略了，在这个星球上，已没有任何地方是安全的了。

最后，星球的最高统治者宣布，他要派人去寻找适合他们生存的星球，然后全体移民过去。

在咕咕星球，孩子在10岁的时候就已经学完了全部的知识，十四五岁时，就可以在某个领域取得出色的成绩了。所以安迪、小绿、彭客和大山，作为寻找新星球的勇士，带着全球居民的希望，出发了。

宇宙是如此浩大，在宇宙中寻找一个适合的星球，就仿佛是在大海里寻找一根针那样困难。他们已经找过了无数的星球，可是适合他们居住的却没有一个。为了不再漫无目的地寻找，彭客发明了一种探测器，这种探测器被他们发射到了四面八方，只要一有相关的信息，就会传达给他们。这样他们就可以有目的地去寻找了。

现在，探测器终于传回了一组数据，在10亿光年的地方，有一个星球，可能是他们所要寻找的。于是他们加大了马力，进入了翘空间，向目的地飞去。快接近目标的时候，小绿从厨房无奈地走了回来，说："现在飞船上已经没有一点食物了。"

看来他们面临的困难越来越大了。

（三）

飞船在一片茂密的森林里着陆了。一群羽毛五颜六色的大鸟被飞船的马达声惊吓得飞了起来。

"看来这个星球上有生命啊！"彭客激动地说。这是他们发现的第一个有生命迹象的星球。

"呵呵，那一定有吃的东西啦！"大山激动地说。他庞大的身躯，挤在驾驶舱里，显得空间更加狭小了。

"咱们下去看看吧，舰长。"小绿是个急性子。

安迪沉思了一会儿，点头说："好吧，下去看看，不过一定要小心。"

舱门缓缓地打开了，一股泥土的清香扑面而来，他们每一个人都迫不及待地深深吸了一口气——这种气味，他们已经很久没有闻到过了。

彭客的机械脚踩在树叶和树枝上，发出"咔嚓、咔嚓"的声音。他们在森林里走了4个多小时，除了看见一些形状怪异的动物以外，没有看见任何高等生物。

"看来这个星球就是咱们要寻找的。"小绿说。

"还得再等等，因为我们只是探索了星球的一小部分。"安迪谨慎地说。

"咚"的一声，安迪等人感觉到大地在微微地颤抖。他们马上警惕起来，是什么？地震吗？可是他们在着陆的时候，不是已经测量了这里的地壳活动稳定吗？

"咚！"过了好久又传来了第二声。树叶因为震动，纷纷落了下来。

"这是怎么回事？"彭客问。

"咱们去看看吧。"小绿着急地说。

"好，但是得带好武器。"安迪同意了。

"等等。"大山喊道，所有人都停下来看着他，大山表情凝重地说，"是吃午饭的时间了，咱们还是吃完了再去吧。"

没有人理睬他。

（四）

他们4个人，谨慎地顺着声音传来的地方跑去。没有多久他们就来到了森林的边缘。森林的外面是一片崎岖的山地，地面上全是巨大的碎石块。这时，他们看见在不远的地方有一个身高3米、宽5米的巨人，正靠在一座小山上呼哧呼哧地喘着气。

"啊，这里住的都是巨人啊。这可真是太危险了。"彭客说。

他们紧张地注视着外面，想看一看还有没有更危险的动物会出现。

这时巨人从怀里掏出一块点心，开始吃了起来。

巨人一定是烹饪高手，点心的香气顺着风飘了过来。他们几个从早上到现在已经没有吃过任何东西了，所以当他们闻到这股香气的时候，都不觉咽了一下口水。

"不好，小心大山。"安迪突然喊了一声。可是已经晚了，大山的两只眼睛直勾勾地看着巨人手里的食物，义无反顾地冲出了树林，向巨人走去。

安迪等人急忙扑了上去，他们紧紧地抓住大山的衣服想把他拉回去。可大山的眼中只有食物，别的什么也不顾了。

安迪等人使出了吃奶的力气，不但没有把大山拉回去，反而被大山拖着向前走。

"这下咱们算是毁在大山手里了。"彭客一边加大自己机械手臂上的力量，一边沮丧地说。

终于，他们被大山拖到了巨人的身边，由于巨人的身体太胖了，所以根本没有注意到他们。

"这是个好机会，咱们赶紧带着大山跑。"安迪说。

可就在这时，大山突然变得灵活起来，他猛地向上一蹿，一把抓住了巨人手里的薄饼，拼命往自己嘴里送。

很快，巨人就发现了他们。巨人一边和大山争夺着薄饼，一边好奇地问："你们是谁？我怎么从来就没有见过你们呢？"

"我们是从别的星球上来的。"安迪说，"这是我们的同伴，他太饿了，所以……"

"呵呵，没什么，我可以分给你们一些食物。"巨人很和善。

于是他们坐在巨人的身边，一边分享着巨人的食物，一边快乐地和巨人进行交谈。正在说笑中，巨人突然眼睛发直，然后痛苦地叫了两声，向后倒了下去。

"他犯病了。"安迪喊道。

"赶紧抢救。"小绿一边说一边冲了上去，她以前学过医学，对自己的医术相当自信。

他们急忙给巨人进行检查。

"他的心脏出现了间歇。"小绿喊道，"赶紧进行电击。"

"可是咱们去哪里找电啊。"彭客无奈地说。

这时，安迪突然抓住了彭客的电动机械胳膊，用力扯下了上面的电线，然后一手拿着正极一手拿着负极在巨人的身上一插，巨人的身体颤动了一下，心脏终于开始工作了。

过了好久，巨人缓缓地睁开了眼睛，然后感激地对他们说："谢谢，真是太谢谢你们了。"

"你的心脏可不好。"小绿向来说话很直接。

"那我该怎么办？"巨人紧张地问。

"你太胖了，只要你减减肥，心脏就能恢复正常了。"小绿说。

"减肥？好，你们告诉我怎么做，我一定去做。"巨人发誓道。

"好，那我们就帮帮你。"安迪说。

"你每天运动吗？"小绿在为他做减肥计划的咨询。

"当然，我每天的运动量可大了。"巨人说。

"那你说说，你每天都做什么了？"小绿很感兴趣。

"嗯，就像今天，我的运动量就非常大。"巨人认真地说，"我今天从早上到现在一共走了两步。这可是以前从来没有过的。"

小绿在本子上记下：缺乏运动。

（五）

第二天，巨人在这几个小人儿的带领下开始运动了。他巨大的身体已经在原来的地方停留太久了，他的骨头就像是已经生锈的齿轮，运转起来十分困难。

每当他挪动一下身体，汗水就像雨点一样，哗啦哗啦地掉下来。还没有走上半米，他就已经累得上气不接下气了。

"我不锻炼了，还是让我死了算了。"巨人痛苦地喊了起来。

"我有办法。"彭客喊道。

安迪还没有来得及问，彭客就已经飞快地向他们的飞船跑去。

过了好一会，彭客从飞船里带来了一大堆零件。他兴奋地说："还是看我的吧，我要发明一个工具，让他迅速减肥。"

说完，彭客就叮叮当当地干了起来。不一会儿，一个巨大的跑步机出现在了大家的面前。在跑步机的前端，高高地挂着一块蛋糕，这样巨人就可以望着蛋糕跑步了。

效果果然明显，巨人由于对食物的渴望，果然跑了起来。这可能是他有生以来的第一次跑步，所以动作极其笨拙。

后来巨人对那个吃不到口的蛋糕感觉厌烦了，他很轻易地就捣毁了机器，把蛋糕吞了下去。

"我不会再动了，这简直是要我的命。"巨人躺在地上说。

（六）

他们又变得束手无策了。这时小绿站了出来说："这样吧，我亲自为你制作一份减肥食品吧。"

听了这话，安迪、彭客的脸色都变了。小绿根本就没有注意他们的表情，而是全心全意地准备晚饭去了。

不一会儿，一锅热气腾腾的红色的汤端了上来。空气里弥漫着一股古怪的味道。

"这是我精心熬制的营养汤，希望你们喜欢。"小绿一边说一边开始给他们盛饭了。

"我胃突然有些疼了，我过一会儿再吃。"彭客机灵地说。

安迪刚要说话，可是在小绿目光的注视下又咽了下去。他端起盆小心地尝了一口，天啊，就如同下到地狱里一样。

大山对食物的味道并不挑剔，所以稀里哗啦喝了起来。

看着大山吃得如此香甜，巨人也胃口大开。他端起了那口大锅，把汤倒进了自己的嘴里，咽了下去。很快，巨人的肚子就如同排山倒海一样响动起来，他的脸色也由原来的红润变得惨白。

突然巨人狂吐了起来，那气势，仿佛要把他来到这个世界上吃的第一口饭都吐出来。

过了一会儿，巨人喘着粗气说："这东西以后是不能再吃了。"

安迪突然说道："不行，你一定得吃。要不你就去锻炼身体，要不你就吃这减肥食品。这两样当中你就选择吧。"

"只有这两种选择吗？"巨人痛苦地说。

安迪威严地点了点头。

（七）

第二天早上，巨人正在和彭客做着运动，小绿端着一大锅汤一边走一边说："我就不明白，为什么不选择我的美味汤，偏偏要选择这么辛苦的运动呢？"

一周以后，巨人的身体明显变得灵活了。

安迪他们离开的日子就要到了，巨人也觉得自己的身体轻松了很多。彭客给他发明了一个机器，提醒他每天要坚持锻炼，这样他的身体才能健康。

对于安迪，他们此次之行也不是没有收获的，巨人已经热烈地欢迎他们星球上的居民移民来这里。这对于安迪他们来说无疑是一个天大的喜讯。

银色的飞船再一次冲向了宇宙。和以往不同的是，大山被下令强行控制饮食，而彭客也被他们从机器人里拉了出来，因为他们知道，如果彭客不锻炼的话，也会像巨人一样出现健康问题。

习惯五：

用过的东西放回原处

一、导入部分

1. 理念

是否建立了秩序感，是区分文明人的标志。

用过自己的东西不放回原处，生活会变得杂乱无章；用过别人的东西不放回原处，会影响他人对自己的信任感；用过公共场所的东西不放回原处，会给大家带来不便……

虽然很多人从小就知道要把用过的东西放回原处，但真正能做到的人却很少。为什么呢？因为这看似简单的要求其实不简单。

不论是在家庭、学校还是其他公共场合，不论是独自一人还是有人监督，不论是自己、别人的东西还是公共物品，更不论物品价值大小，都必须做到把用过的东西放回原处。

父母可以对照下列情形，看看有没有自己孩子的影子：

清晨出门，找不到自己的衣服、红领巾、书包、帽子等；

在学校参加活动，忘记归还用过的器具；

去超市购物，选中了又不想要的东西不放回原处，离开时将用过的购物车、购物篮随手一放；

去书店买书，看过的书随便找个地方插进去……

如果有，就赶紧开始教育孩子把用过的东西放回原处吧！这一良好的行为习惯一旦养成，孩子既能约束和规范自己的行为，还能处处想到他人，尊重和关爱他人，培养出一定的社会责任感。

2. 描述

（1）强调秩序

把用过的东西放回原处，首先强调的是秩序感的建立。秩序是有条理、不混乱的状况。良好的秩序能使人产生愉快、兴奋、舒服以及安全的感觉。秩序感一旦失去，麻烦就会来临。

《天生棒小孩》中有这样一个故事：

"妈！有没有看见我那条新的红裙子？"罗宾上气不接下气地冲进厨房，妈妈正在那里喝咖啡。

"我想你昨晚扔地板上了吧。"妈妈平静地回答。罗宾立刻就急了。

"噢，不！"她哭了，"我完了！学生团体选举大会上我还要穿呢！"说着就跑了出去。

看着14岁的女儿从门口消失，妈妈得意地笑了。

原来，妈妈和罗宾为她的房间乱七八糟吵了好几年。罗宾总是风风火火的，情愿从一个地方跳到另一个地方，也懒得拣地板上的东西。她那无穷尽的精力一点也没有用到保持房间的整洁上。罗宾找不到需要的东西时，自己也特烦，她甚至承认她喜欢受点约束、更有条有理一点。

妈妈厌倦了从地板上拣衣服，所以她上星期开始实施一项新政策，告诉罗宾将没收每一件拣到的衣服，一个星期以后才能拿回去。罗宾以为这没有关系，但她突然发现有那么多衣服扔在了地板上，她衣柜里的衣服越来越少了。

其实罗宾有整整一晚上的时间可以收拾，直到第二天早上她出门上学。但她却从不付诸行动。等罗宾上学走后，妈妈就会走进她的房间，把所有没挂起来的和没放在洗衣筐里的衣服都抱走。妈妈有一个箱子，外面写上了从那天起一个星期之后的日期。妈妈把衣服放进去，再把箱子存放在衣橱的架子上。在那个日期以前，罗宾不能拿走那个箱子里的衣物。

此时，罗宾又来到厨房，她已经换上了舒服的牛仔裤和旅游鞋。"妈，我得走了。学习小组6点结束。再见！"她出了门，但很快又回来了。

"等等！我好像把鞋子落在了浴室——我应该放在壁橱里的。妈，别进去——我上床前收拾！"

其实，很多父母都能在罗宾身上找到自己孩子的影子。和谐的生活、学习、工作状态一定是有秩序的，失去秩序会让人感觉十分糟糕。假如一个人习惯了整洁有序的家居环境，就会近乎本能地拒绝杂乱和肮脏，因为后者会破坏他已经建立的秩序感、清洁感。

（2）自觉"归位"

用了东西放回原处，需要有一种"归位"意识。归位意识体现在个人生活中，是整洁的生活状态；体现在公共场合中，则反映出一个人的公德心和对公共财物的责任心。遗憾的是，"归位"的意识在青少年的日常行为中似乎并没有完全形成。

《北京青年报》的一则报道说：

在北京图书大厦三层学生部，来这一层买书的中小学生居多。书架上的新书琳琅满目，但有些书并不是按顺序、按门类整齐地放好，原因是一些学生看完书后不懂得放回原处，而是随手放进离自己近的书架。粗略统计，在大约四五十名买书的学生中，只有约10人把看过不买的书放回原处。也有学生知道把不买的书放回去，但只是放到大体位置。愿意找到原来位置放回去的占少数。

国家图书馆是爱书人常去的地方，按要求来这里借阅书的人都在18岁以上。但在这里，学生的表现也不能让人满意。在二层中文社会科学期刊阅览室，查阅期刊的学生大多来自高校。记者发现，多数读者知道看过期刊后放回原位，但90%以上的读者离开时不知道把椅子推到桌子下面。还有，15分钟前图书管理员刚排好的椅子又都被拉了出来，管理员只好重新整理，每次整理座椅时，他还会收拾到一摞被读者丢放在桌上的杂志和废纸、杂物。

我们稍稍留意便会发现，图书馆、阅览室、学校、商场等很多公共场合都有"请将看后的书放回原处"、"请将用后的雨伞带回来"、"请将用过的公共物品还回"等类似的标语。这一方面是提醒，另一方面也说明用完东西不能"归位"的不文明现象依然存在。

在有些国家，用完的公共物品"归位"已经成了人们的自觉行为，就像排队买票、购物一样自然。方便别人也是方便自己，对公共财物更加爱护已经成为一种美德。我们为何不能从小培养孩子这种美德呢？

（3）省时即高效

用了东西放回原处，能帮助孩子节省很多不该浪费的时间，提高生活、学习和工作的效率。

马来西亚华文媒体《光华日报》曾刊登了这样一个小故事：

这天傍晚，我们一家三口准备好要赴一位朋友的婚宴，地点是在莎阿南的一间旅馆。临行之时却找不到请柬，我们对那一带的路线不熟悉，请柬附上的地图可帮我们避免走许多冤枉路，于是再度在一些可能的地方细心翻找，最后仍然徒劳无功。

妻子催我上路，说："反正找不着，不如趁着天色还亮，去那里兜一兜找更好。"于是，我们便上车向莎阿南进发。幸好接近那一带就看到路旁告示牌有那间旅馆的方向，结果我们很顺利就到了那里。

宴毕回到家，刚进家门不久，妻子就说："哎呀，请柬不是乖乖地在这儿吗？"我转头一看，那请柬一直都在钢琴上面的一个小斜书架上！是我看了顺手放在那里，过后也不在意，没有把它放回收信件的篮子里去。

回想这晚的一切，却也庆幸没有闹得不愉快（妻子对走错路或迷路颇介意）。然而，这也是一个提醒：东西要放回原位！这是从小学已经学过的浅显道理。这一个简单的动作若养成习惯，的确可以省去许多翻箱倒柜的时间，避免不少心头的闷气，何乐而不为？

很多人经常因为找不到要用的东西翻箱倒柜，甚至大动肝火，既浪费时间，又影响身心健康，真是很不值得。要是此前能养成良好习惯，用过东西放回原处，什么东西放在什么地方就会一目了然，有时候取放东西就像本能一样自然，根本不会花费什么时间。

（4）关照别人就是关照自己

在公共场合用过东西放回原处，表面上看只是方便了别人，其实也是方便了自己。

中国青少年研究中心少年儿童研究所设计的"小学生 10 个好习惯"中，有一个例子是这样的：

张青的爸爸妈妈都在公司里上班，平常没有时间购物，到了星期天，他们大多会去超市，把一周吃的、用的东西买回来。

每次买完东西结了账，妈妈都会把购物车或购物筐放到指定的地方。看到有的人把车子、筐顺手就扔下了，张青有时也觉得爸爸妈妈有点儿傻。

有一次，张青把这个想法跟妈妈说了。妈妈说，其实我们这样做，并没费多少事，而且也是为了方便自己。你想，如果大家都把车子顺手一扔，走起路来就会很不方便，我们来购物的时候，还要到处去找车子，也不方便。超市可以安排人来做这件事情，但是一方面他们可能做不过来，另一方面做这样的事情的人多了，超市的成本就会增加，东西也就会贵一些了。我们顺手把它放回去了，并没费什么事，方便了自己，又方便了别人，这样的事，我们为什么不做呢？

在生活当中，还有很多类似的事情。比如，有的孩子在家把用过的东西到处乱放，下次急着用的时候怎么也找不着。尤其是早晨上学时，找不到红领巾、小黄帽、袜子等等，还要全家人一起帮着找。这样，不仅给自己添了麻烦，也给家人添了麻烦。也有的孩子在图书馆看书时，看前耐心寻找，看后随手一放，不管他人寻找是否方便，更不尊重图书管理员的劳动。

这就需要父母对孩子从小进行良好习惯的培养。

二、21 天训练方案

1. 训练要点

（1）自己的事情自己做

把用过的东西放回原处，必须注意一点，就是自己的事情自己做。有时候孩子写完作业没收拾，父母就去代劳，时间长了他们就总也不会收拾。如果总是父母帮着做，孩子会变得依赖父母，久而久之也就淡忘了"归位"的意识。

让孩子自己动手做也是让他们学着对自己负责。比如放学回家之后的第一件事情，就是把书包、外套、小黄帽、手套等物品统统放在固定的位置，这样，既能保持房间的整洁，还方便在第二天需要时取用。如果哪天他们忘记了，第二天找不到需要的东西，也会立即意识到这是自己的过失，应该吸取教训，而不是责怪父母没有给自己收拾。

（2）培养思维的有序性

人们的行动是受思维支配的。思维有序，行动才会有秩序。用了东西放回原处，强调的是秩序，因此我们也需要对孩子培养思维的有序性：

一是让孩子尝试固定摆放物品的位置。比如说，放学回家，鞋脱在门廊的鞋架上、大衣挂在衣帽间、书包放在书桌上、红领巾放在床头等。把物品摆放的位置固定下来，能在头脑中形成深刻的印象。

二是教孩子学会将物品归类。比如将书籍、衣物等物品分类，分别置放。

三是告诉孩子选择放置物品的地点应该合理明确，常用的东西要放在容易拿取的地点。不要选择一些难以记忆或难以取用的地方。

（3）孩子自我约束要严格

不论是在家还是在外，不论是否有人监督，都应该教育孩子坚持将用过的东西放回原处。

有些孩子在自己家里能做到保持整洁，用过东西立即归位，可是一出门却变成了另一副模样：购物时，拿了不想要的东西随便一扔；买书时，翻过的书随手一扔；在邮局或银行填写单据时，用完圆珠笔随手一放……这就是因为放松了对自己的约束。

要告诉孩子，在公共场合更要注意自己的行为，因为一个人没有做好这一点，就会影响其他的很多人。

2. 方法和步骤

（1）教育孩子在家里这样做：

一是向父母说清楚自己的目标，父母可以监督和提醒，但有一点很关键，就是不要帮孩子做他忘记了的事情；

二是父母可以和孩子商定一些惩罚措施，可以由父母来惩罚，也可以由他们自己来惩罚，或者是以他们自己承担后果来进行自然惩罚。比如约定如果回家后写完作业忘记把作业本放回书包，父母可以不提醒他们，第二天也不能打电话请父母送作业等；

三是父母加入孩子的计划，家庭成员相互监督。可以参观爸爸妈妈的房间，与自己房间的整洁程度进行对比；

四是做好自我管理，自己的事情自己做，不给父母添麻烦；

五是做到房间整洁，物品摆放有序，不乱扔乱放东西，用过东西之后放回原处。

（2）**教育孩子在学校这样做：**

一是借用老师、同学的东西要及时归还至原处；

二是运动之后要把运动器材放回原处；

三是在图书室看书，看过的书要放回原处；

四是班级、学校的东西用完之后要放回原处；

五是在学校用餐后餐具要放回原处；

六是可以请老师监督自己，和同学一起培养这个好习惯。

（3）**教育孩子在其他公共场合这样做：**

一是要珍惜别人的劳动成果，不做破坏别人劳动成果的事；

二是在超市购物，要把不打算买的商品、购物车、筐等放回指定处。

三是在邮局或银行填写单据后将圆珠笔放回原处；

四是在书店看过不买的书要放回原处；

五是在图书馆或阅览室，看过的书要放回原处。

3. 训练和评估表格

表格使用方法："选择目标"、"自我检测"部分由孩子自己填写，"父母评测"由父母填写，"班主任评估"由班主任填写。

选择目标	目标测试	□决心做到用过东西放回原处 □在任何时间、任何地点都努力去做 □不论是否有人督促都努力去做　□加强自我管理 □请父母老师监督			
	最终目标				
自我检测		已完成目标	未完成内容	下一步安排	个人心得
	7日检测				
	7日检测				
	7日检测				

父母评测	完成情况	□完成　□大部分完成　□少部分完成　□完全未做
	与孩子沟通情况	□沟通良好　□有沟通，但时间很短　□根本未沟通 沟通内容/未沟通原因：＿＿＿＿＿＿＿＿
	建议	
班主任评估	完成情况	□完成　□大部分完成　□少部分完成　□完全未做
	与学生沟通情况	□沟通良好　□有沟通，但时间很短　□根本未沟通 沟通内容/未沟通原因：＿＿＿＿＿＿＿＿
	与家长沟通情况	□沟通良好　□有沟通，但时间很短　□根本未沟通 沟通内容/未沟通原因：＿＿＿＿＿＿＿＿
	评语	

三、主题延伸阅读

混乱之都

（一）

早上醒来的时候，小刚的家里和往常一样，要经历一场大的混乱。

"妈妈，我的鞋放在哪里了？"小刚大声地喊道。

"自己找找吧，我正在找铲子呢！没有铲子我就不能做饭了。"妈妈在厨房里着急地说。

"你昨天做饭的时候不还在用吗？"爸爸从书房探出身来问。

"是的，我就是忘了用完以后放在哪了。"妈妈一脸无辜地问。

"瞧你这记性。"爸爸批评道，"我还想让你帮我找找上班用的皮包呢，这下可好，你先找铲子吧。"

小刚的房间里，已经十分零乱了，衣服遍地都是，唯一空的就是放在门口的鞋架。小刚正一边抱怨着上学要迟到了，一边在一堆脏衣服里找他的球鞋。

妈妈在厨房里也忙得不可开交，所有的锅碗瓢盆都搬出来了，就是没有发现昨天做饭时用过的铲子。

爸爸也没闲着，他正翻箱倒柜地找皮包。所有的衣柜和箱子都打开了，还是没有找到，爸爸搬着梯子想打开柜子顶端的箱子找。

终于，小刚在他的洗脸盆里找到了球鞋，虽然有些湿，但是他已经顾不得这么多了，因为上学的时间就要到了。

这时妈妈也终于在厨房阳台的花盆里找到了铲子，但是现在她已经不需要做饭了，因为小刚和爸爸都马上要出发去上学、上班了。

爸爸最后放弃了寻找皮包的想法，虽然他今天开会的发言稿还放在皮包里，但是楼下来接他的司机早就等不及了，正在不停地按着喇叭。

最后一家三口，快乐地拥抱道别。这些事情他们早就习以为常了，只要在混乱之都生活过的人都知道，这在这座城市里根本就不算什么。

走出楼道，小刚开始去找他的自行车，他每天早晨都要在小区里整个搜索一遍才能幸运地找到他的自行车，有很多人和他一样，所以在早上，你会看见很多低着头仔细寻找自行车的人。

小刚的爸爸就幸运多了，由于他是公司的领导，每天公司都安排固定的小车来接他。可是今天早上却让爸爸吓了一跳，因为接他的不是以往经常坐的小车了。正当爸爸感到十分疑惑的时候，司机从车上跳了下来，十分内疚地解释说："主任，真是对不起，我忘了昨天晚上把车停在什么地方了，所以只好临时借了一辆。"

"不是有固定的停车位吗？"爸爸问。

"我没把车停在原来的地方。"司机不好意思地说。

（二）

刚走进教室，上课铃就响了，班长开始收昨天的作业。所有的学生都低着头在自己的书包里寻找着，不时会有人喊上一句："我明明记得是把作业放在书包里的，怎么就不见了呢？"也有人会这样喊："哎呀，我把我爸爸的包给拿来了，这下他该出丑了。"总之，有各式各样的借口，过了老半天，班长才收到了3本作业。

不一会儿，班主任老师怒气冲冲地走进了教室，看见讲台上只有3本作业，老师更生气了："你们怎么总是这么丢三落四啊，唉，我的教育全白费了。"老师叹了口气，拿出课本准备讲课，这时他发现他把语文书带成数学书了。于是语文课只能改上自习课了。

（三）

爸爸走进办公室对他的秘书说："马上准备，一会儿我要开会，这个会议很重要。"

秘书答应了一声就马上去准备了。

爸爸在办公室里坐了很久，等了半天也没有见秘书来叫他开会，这个会议十分重要，是关于科技进步的会议，国家的最高科技研究单位还要派学者来参加。眼看时间就要到了，可是秘书却迟迟没有通知他会议准备好了。爸爸终于坐不住了，他起身向会议室走去，走到会议室门口，他看见很多人聚集在那里焦急地寻找着什么东西。

"你们这是干什么呢？为什么还不开门？"爸爸的语气里已经有些愤怒了。

"主任，会议室的钥匙上回用过之后忘记放哪了。"秘书着急得眼泪都快流出来了。

"那怎么办，参加会议的领导就要来了。"爸爸也着急地说。

"用别的会议室呢？"一个人提议道。

"别的会议室都已经被占用了。"秘书无奈地说。

"那怎么办，要不把门给撞开吧。"爸爸在无奈中只能下达了这样的命令。

于是，几个人找来各种各样的工具，开始向装修考究的会议室大门撞去，一下、两下、三下……等撞到第十下的时候，大门终于被撞开了。这时他们突然发现钥匙就挂在爸爸的腰带上，爸爸也想起来，他是怕第二天找不到钥匙，才特意把钥匙挂在腰间的。

还好，没有耽误会议，领导和专家都走进了会议室。服务人员开始手忙脚乱地端茶送水了。会议开得还算顺利，专家对爸爸提出的设计方案很感兴趣，并决定马上投资建设。爸爸幸福地笑了。

（四）

而同一时间，小刚却在学校饱受着煎熬。数学老师上课的时候，没有带尺子和圆规。地理老师的地球仪怎么也找不到了，下午上体育课的时候，在篮球筐里发现了地球仪，可是篮球却怎么也找不到了。急得体育老师只能把篮球课改成上铅球课了。更可怕的是，烧锅炉的大爷每一次给锅炉添煤以后，总是忘记把炉门关上，险些酿成大火。害得小刚他们不得不紧急疏散了 4 次。

终于，身心疲惫的学生们盼到了放学的时间，可是传达室的人员又忘记了把大门的钥匙放在什么地方了，于是学生们就仿佛被囚禁的犯人一样，紧紧地抓着学校的大铁门呼喊着救命。

（五）

小刚的妈妈在家里开始准备晚饭，准备出去买菜时，发现自己的钱包怎么也找不到了。"有小偷。"妈妈想，并且马上打电话报警。警车呼啸而来，几个身手干练的警察飞快地冲进了小刚的家。妈妈一把鼻涕一把眼泪地对警察说："我从来没有离开过房间，可是钱包就不见了，这可是我们全家的生活费啊，现在的小偷也太缺德了。"

警察一边安慰妈妈一边检查现场，他们发现屋子的门窗紧闭，不像是有人进来过的样子。于是警察开始小心地检查现场，终于在一堆废报纸里找到了妈妈的钱包。

"我明明记得是放在桌子上了，我每次都放在那儿，怎么跑到报纸堆里去了？"妈妈一脸的迷惑。

由于这次意外，爸爸和小刚进门的时候，晚饭还没准备好。要是在往常，爸爸早就大发雷霆了。可是今天他却跟什么事儿也没有发生一样，笑着对妈妈和小刚说："没什么，不就是一顿饭嘛，咱们去外面吃。"

小刚一听这话，兴奋地大喊起来。因为他们已经很久没有出去吃过饭了。

走进餐厅，小刚一家发现餐厅里所有人的桌子上都没有食物。原来厨师忘记了昨天做饭使用过的秘制调料放在哪儿了，但是小刚他们还是找了个座位坐了下来，因为今天爸爸的心情真是太好了。

等全家都坐好以后，爸爸才神秘地说，他研究的产品要被放到飞船里带入宇宙了，并且他们一家还被邀请参加飞船的升空仪式。全家人都为这个消息感到高兴。

晚上12点，厨师终于找到了他的秘方，大家终于吃上了盼了很久的晚餐。

（六）

过了几天，小刚一家欢天喜地地来到飞船发射场，等待这历史性时刻的来临，因为这是这个国家第一次发射飞船。发射场上人山人海，不仅云集了世界各国的记者，而且很多国家也派了官员们来参观。他们国家的总统也要出席这盛大的仪式。

"咚咚咚"三声礼炮，乐队奏起乐来。几辆豪华的轿车缓缓地驶进了发射场。人们都站了起来，激动地鼓掌欢迎。总统走到了主席台，工作人员开始紧张地忙碌起来，谁都不希望自己的国家在全世界人民面前丢脸。

一切都进行得十分完美，总统的脸上洋溢着笑容。

这时，从喇叭里传出控制室里控制人员的声音："火箭发射进入倒计时……还有1分钟……50秒……30秒……10秒……9、8、7、6、5、4、3、2、1发射。"

控制人员的声音异常激昂，每个人都踮着脚急切地注视着发射场中心的火箭。当操作员数到1的时候，全场都屏住了呼吸。

1分钟过去了，火箭没有任何动静。两分钟过去了，火箭还是没有动。5分钟过去了，火箭还是停在那里。看台上的人骚动起来，人们纷纷议论："怎么了？到底出什么事情了？"

过了一会儿，喇叭里又传来了控制人员的声音："对不起，由于出现了意外，火箭将推后发射。"

总统的表情变得难看了。他站起身，怒气冲冲地向控制室冲去，后面跟着一大帮世界各国的记者。

推开控制室的大门，只见里面已经乱成了一团。一群身穿统一制服的研究人员，全都蹲在地上全神贯注地寻找着什么。总工程师已经昏了过去，有两个人一边用扇子为他扇风，一边向他的脸上喷着凉水。

"这到底是怎么回事？"总统冲着已经乱成蚂蚁一样的工作人员喊道。

"发射器的钥匙找不到了。"一个人慌慌张张地说，那声音仿佛随时都会哭出来。

"怎么搞的？"总统怒了。原本应放着钥匙的密码箱里面空空如也。

"昨天总工程师带领我们做完最后的演习，就把钥匙随手一放。现在他也不记得钥匙是不是放回密码箱里了。"一个人哭着解释道。

"没什么，赶紧找到就没关系了。"总统和颜悦色地说道，因为在他的国家里这种情况太普遍了。这时在总统身后，各国的记者纷纷举起了照相机，把这混乱的一刻拍了下来。

"这下完了。"总统想，"这脸是丢到全世界了。"

虽然事后工作人员在饭盒里找到了钥匙，并且成功地发射了飞船，但是发射前的这一场风波却在全世界传得沸沸扬扬。

丑利坚的《月亮日报》发表了题为"混乱之都里的混乱发射"的社论。

小不列颠的《小笨钟》时报上发表了评论员文章：和这样的国家合作，等待我们的将是什么？

这时，混乱之都的总统四面楚歌。很多国家同他们终止了贸易往来。全国的出口货物订单减少了98.93%。有10个准备和他们建交的国家推迟了访问的时间……这一切都是因为那一场在他看来"没有什么"的小事故。

（七）

国家陷入空前的危机。晚上，总统带领着全体市民来到女神神庙。

"万能的神啊，我们究竟做错了什么，让我们的国家陷入了如此重大的危机？请给我们指引方向吧。"总统向高高耸立在神庙里的雕像祈祷着。

一道绚丽的闪电划过了夜空，神庙里的火把在没有一丝风的情况下，猛烈地摇晃起来。神庙里的女神像开口说话了："这一切都是因为混乱的缘故啊。你们想一想，有谁愿意和一个生活没有规律的人交往呢？"

"可是我们该如何是好呢？"总统痛苦地说。

"我派一位神来帮助你们，她就是秩序女神。只要你们听从她的指引，一切都会好起来的。"

天际闪过一道柔和的光芒，一位身穿洁白长袍的女神，款款地从天空中微笑着向他们走来。

后来混乱之都在秩序女神的指引下变得怎么样了呢？反正有很多国家争先恐后地想和它成为朋友，纷纷要求和它发展贸易。而那里的人们也突然觉得自己的生活变轻松了，再也不会为找不到东西发愁了。

如果还有人忘记了用过的东西应该放回原来的地方，那是因为混乱女神一直跟着他，舍不得离开呢！

习惯六：

干干净净迎接每一天

一、导入部分

1. 理念

每天早上都要刷牙，太麻烦了；

夏天应该勤洗头、洗澡，冬天就没必要了；

球鞋穿一个星期再换也没关系；

长指甲显得好看，所以不用剪；

内衣应该天天换，外套就没必要经常换洗了；

吃饭又不是用手抓，饭前洗手真是多余；

喉头有痰就要一吐为快，哪里顾得上地点呀；

偶尔扔一点垃圾也没关系，反正没人看见，再说还有环卫工人呢；

……

如果您的孩子也是这样，那真是太糟糕了。对于孩子来说，养成良好的卫生习惯，干干净净迎接每一天，是非常重要的。它能有力地保障孩子们的身体健康，体现出良好的个人面貌，同时也包含了对他人的尊重。

干干净净迎接每一天，既有个人卫生方面的要求，也有公共卫生方面的要求。前者主要有勤洗手、早晚刷牙、经常洗头洗澡、勤换衣服鞋袜、不吃脏东西、不舔手指等，后者主要有不乱扔垃圾、不随地吐痰等。

要想让孩子成为文明的人，首先就必须让他克服不良卫生习惯，做到干干净净迎接每一天。

2. 描述

(1) 预防疾病，保护身体健康

很多人都对"非典"的流行有着深刻印象，如果没有良好的卫生习惯，人们的身体健康很容易被细菌侵袭。讲卫生可以说是预防疾病的第一道防线。

讲究卫生，保持清洁的确是一种应该养成并保持的良好习惯。伊斯兰之声（专业伊斯兰网站）曾介绍了穆斯林良好的卫生习惯：

早在1400多年前，伊斯兰就要求凡是信仰伊斯兰教的穆斯林，无论是履行宗教功课时，还是在日常的生活中，都必须讲究卫生，保持清洁。

勤洗身体和手脸是穆斯林整个一生都坚持不懈的良好生活习惯。伊斯兰规定了大小净制度，大净就是洗全身，小净是洗身体的部分肢体。

伊斯兰还要求穆斯林在饭前饭后，以及接触了不洁净的东西之后，都应当洗净双手。

在穆斯林家庭中，无论穷富，都备有随时洗大小净的淋浴吊罐和汤瓶壶，用流动的水洗濯，从不用脸盆里的浑水洗手脸。这种良好的生活习惯，对于预防疾病是一个非常有效的措施。

不良的卫生习惯会严重损害人们的身体健康。人们常常说"病从口入"，孩子每天接触各种各样的东西，表面上看可能不脏，其实手上沾满了各种细菌，这些细菌里面包含了大量的有害病菌，虽然肉眼可能觉察不出来，但它们的确存在着，有很多小孩因为吃

了脏东西或者舔手指头而患上胃肠道疾病等等，损害了身体健康。

要想获得健康的体魄，讲究卫生是很必要的，比如不乱吃东西可以预防食物中毒，坚持早晚刷牙能帮助预防蛀牙、龋齿、牙龈感染等牙科疾病，等等。

（2）展示良好的个人面貌

当孩子以干干净净的形象出现在别人面前，实际也是在展示他自己良好的个人面貌。一个人如果总能保持整洁卫生，走到哪里都会受到人们的欢迎。

一代传奇女性董竹君在其自传《我的一个世纪》中零星提到了一些教子经验，其中包括注重清洁卫生方面的习惯：

董竹君原来是上海贫民区里一个黄包车夫的女儿，被迫沦落到青楼卖唱，后来她结识了革命党人，自己设法逃出火坑成为督军夫人。可她不堪忍受封建家庭和夫权统治，带着4个女儿再次冲出樊笼开创新的人生。她初到上海时生活很苦，住在一间三层楼小屋内，但她带着女儿每天把房间擦洗得干干净净，连楼梯过道也不放过。把房东乐得合不拢嘴，搬家时还对她们恋恋不舍。她的女儿们也因此养成了注重清洁卫生的习惯。

一个人衣着整齐，干干净净，会让别人觉得很舒服，想一想，如果某人身上带着一股难闻的气味靠近你，你会愿意跟他有过多的接触吗？如果某人留着长长的指甲，指甲缝里夹着厚厚的黑污垢，你会愿意跟他握手吗？肯定不愿意。

（3）对他人的尊重

在社会交往中，如果不能做到干干净净，也会成为人际交往的障碍。原因很简单，没有人愿意与一个总是很邋遢的人在一起。

可以说，干干净净，既是对自己负责，也是对他人的尊重。

"小学生10个好习惯"中有这样的例子：

建雄是个12岁的男孩子。最近，妈妈发现了他的一些新变化。那就是他比以前爱干净了。以前，建雄可不是这样的，他不太重视个人卫生，就连饭前洗手、睡前洗漱这样的小事都要父母盯着做。如果没人盯着，他就匆匆完事。

可是，这学期以来，建雄变了，每天早上刷牙洗脸可认真了，还特别仔细地整理头发。不仅如此，每到星期天，建雄还主动地收拾自己的房间和书架，走在路上看见别人吐痰，建雄也忍不住说上两句。

妈妈问建雄，为什么爱整洁了？建雄说，因为老师给他们讲了很多讲卫生、讲环保的故事，而且还让他们把自己的手放在显微镜下面观看。这使他认识到一个不讲卫生、不懂环保的人简直就是一个野蛮人，大家都不爱和这样的人做朋友。

建雄说得很对，不讲卫生、不懂环保的人在现代社会是无法立足的。要知道，现代社会节奏越来越快，人们每天需要跟各种各样的人打交道，如果大家都不讲究卫生，就会加速有害病菌的传播，威胁更多人的身体健康。一旦发生类似"非典"的传染性疾病，后果将不堪设想。

（4）文明的表现

做好个人卫生，讲究公共卫生，还能体现出社会成员及整个社会的文明程度。在文明的社会，大家应该齐心协力，共同维护身边的环境。

《四川日报》刊登过一篇文章，其中有这样的文字：

日本人就很讲究卫生。从大阪到京都，从静岗到山梨和东京，无论城市还是乡村，无论公共场所还是居民住地，空气清新，环境优美，到处都清洁卫生，饮水也十分洁净。

在交通枢纽的电车站和一些闹市，依然整洁干净，而放置的垃圾桶却很少很少。原来，日本人外出随身都带有一个小塑料袋，专门存放在途中要丢弃的废物，再带到可以丢弃的地方丢弃。抽烟的成年人，随身带有一个小盒，用于弹烟灰，丢烟头。总之，他们的习惯是从不在不能丢弃废物的地方丢弃纸屑、果皮、烟头等废物。

如果身处在乌七八糟的环境里，人们的心情也会变得糟糕。走到哪里都干干净净，环境整洁，人们的心情自然也会很好。大家都做文明人，干干净净，这个社会才会变得美好起来。

二、21天训练方案

1. 训练要点

（1）个人卫生方面
主要应该让孩子做到以下几点。

一要每天刷牙洗脸洗脚。这是最基本的要求。维护牙齿健康不仅早晚要刷牙，每次饭后最好也能刷牙。如果条件不允许，也要仔细漱口。

二要勤洗手。"饭前不洗手，病菌易入口。"孩子每天会接触课本、书包、游戏器具等各种东西，一天下来，手上黑乎乎的。可有些孩子一回家，手也不洗，就去厨房找吃的，这样很容易生病。饭前、便后洗手的目的就是为了洗掉手上沾染的病菌、病毒和寄生虫卵，所以要用流动的水认真洗。

三要勤洗澡洗头，勤剪指甲。孩子正处于身体快速发育的阶段，每天的新陈代谢非常旺盛，经常洗澡洗头，保持指甲整洁卫生，才能及时清除身体上或头发上的细菌和灰尘。

四要勤换衣服与鞋袜。有些孩子早晨出门急急忙忙，常常来不及找干净的衣服去换，只好穿脏的出门。为此，父母要提醒孩子最好在前一天晚上把第二天要穿的衣物准备好。衣服整洁就好，讲卫生比讲名牌更重要。鞋子要经常擦洗，最好几双轮换着穿，每次换下的鞋子都放在阳光下晾晒，有助于杀菌和消除怪味。

五要定期整理和清洗书包。最好每月刷洗一次书包。因为书包是孩子每天都要携带的，经常清洗可以清除细菌。它的整洁也关系到个人的卫生面貌，背上干干净净的书包，孩子会有一份好心情。

六要做到有病就去医院。告诉孩子感冒流行期间尽量不到公共场所去，不要和有伤风感冒的人接触。

（2）家庭和公共卫生方面

主要应该做到以下几点。

一是保持室内卫生与通风。要定期做居室大扫除，平时注意保洁，无论什么季节都要做好室内通风和室内保湿。夏天少开空调，即使开也不要时间过长，温度不要过低。

二是高层建筑居家尽量不养宠物，既有利于健康，又能和睦邻里关系。因为在家中养狗等宠物容易使人患某些疾病，要特别当心。

三是在传染病流行期不去或少去商店等处，一定要去时要戴口罩。如果孩子得了传染病要及时报告，应上医院治疗，在家养病治疗时，不要让他们到处乱跑，以免传染给他人。

四是告知孩子不到医院等容易传染上疾病的场所玩耍。

五是教育孩子爱护环境，不随地吐痰和乱扔杂物。随身携带纸巾或手帕，将吃过的口香糖、要吐的痰等吐在纸巾里、手帕中。培养孩子随手捡拾地面上废弃物的意识和习惯，共同维护环境的整洁。

2. 方法和步骤

（1）让孩子明确讲究卫生的重要性

如果孩子没有真正理解讲究卫生的重要性，只是被老师或父母"逼"或"催"着讲卫生，很难培养出讲究卫生的好习惯。

父母和老师可以为孩子讲一讲不讲卫生的害处，或者让他们自己查一查资料，看讲卫生都有什么好处，也可以让他们回想自己的行为，看有没有因为不讲卫生引发过不良后果。对那些不爱剪指甲、有指甲垢的孩子，有条件的话，父母可以找一台显微镜，挖一点指甲垢，放在玻璃片上，加上一滴水，放在显微镜下，让他们看一看手上的细菌在水中游动的情况。这样能使孩子获得深刻的印象：手指甲下藏了那么多的细菌，万一吃进肚子，细菌在肚子里活动就会给身体带来很多疾病。

我们还要让孩子明确，养成良好的卫生习惯，不仅仅是为了自己，也是为了别人，为了大家，为了整个社会。人人都讲卫生，生活才更加美好。

(2) 告知孩子注意细节

有些孩子洗了头、洗了澡、换了衣服、换了鞋子，全身上下焕然一新，可偏偏就忘了换袜子，脚一伸出来熏得一屋子的人都不敢接近他，这种情况多尴尬啊！就是一双小小的袜子，却会给人留下不讲卫生的印象。

一个真正讲卫生的人，会注重各种小细节。有一个词用在这里是很合适的，就是"防微杜渐"。孩子要做到干干净净迎接每一天，很多细节不能忽略，比如：

头发要干净；

勤剪指甲，不留指甲垢，剪完指甲要洗手和指甲刀；

红领巾、小黄帽等物品要保持清洁；

书包、铅笔盒等器具要保持整洁；

使用的水杯要经常清洗；

身边常备手帕、纸巾等；

嚼完口香糖后用纸包好再扔进垃圾箱；

......

(3) 重点培养

干干净净迎接每一天，要重点培养几个方面，这里结合《教育就是培养习惯》（关鸿羽著）的论述进行简要说明。

一是常洗手。

解放军某部的医生曾经对 164 个人作过检查，发现他们的手上，平均每平方厘米就有一千二百多个病菌。许多人得了痢疾、肝炎，多半是因为没有养成饭前、便后洗手的习惯。

我们要教育孩子不但饭前、便后要洗手，而且干完活以后也要洗手，吃水果和别的东西也要洗手。洗手的时候，不能马马虎虎解决，要在流动的水下，用洗手液或者香皂认认真真洗干净。

如果孩子暂时还没有养成这个习惯，在家父母要提醒，在学校可以请老师和同学监督，当然，最重要的还是形成自觉性。

二是早晚都刷牙。

刷牙的目的是保护牙齿的健康，预防虫牙及其他牙科疾病。同时，可以使口腔清洁，减少口腔内的细菌或病毒。

我们要让孩子坚持每天早晚都刷牙，并且帮助孩子选择合适的儿童牙刷和牙膏。刷牙的正确方法是：顺着牙面，上牙由上往下刷，下牙由下往上刷，目的是将牙缝里的食物残渣刷出来。然后用水含漱几次，再刷牙的内侧。最后再用清水漱口。晚上睡觉前要坚持刷牙，晚上刷牙之后不能吃东西。

三是不吮手指头。

吮手指头的习惯很不好。如何教孩子改正呢？对不了解吮手指头危害的孩子可以用一下上文中用显微镜观察的方法来让他加深印象。此外，如果孩子改正起来真的有困难，父母可以在他的手指头上抹上紫药水，下次刚要吮手指头的时候就会想起来，万一没想起来还是吮了，满嘴都是苦味，更容易让他记住不能再吮手指头了。

四是不乱扔垃圾和随地吐痰。

有些孩子在家从来不乱扔垃圾，一出门就忘记了，垃圾随手就丢。父母可以为孩子准备一个塑料袋，让他随身带着，以把制造出来的垃圾放在里面。

有的孩子喉头一有痰就随地乱吐，这是很不好的。喉头有痰，最好是吐在纸上，然后丢在垃圾箱里。

3. 训练和评估表格

表格使用方法："选择目标"、"自我检测"部分由孩子自己填写，"父母评测"由父母填写，"班主任评估"由班主任填写。

选择目标	目标测试	□明确讲究卫生的重要性　□做好个人卫生 □请父母、老师、同学帮助监督 □保持公共卫生　□注意细节，能坚持下去			
	最终目标				
自我检测		已完成目标	未完成内容	下一步安排	个人心得
	7日检测				
	7日检测				
	7日检测				
父母评测	完成情况	□完成　□大部分完成　□少部分完成　□完全未做			
	与孩子 沟通情况	□沟通良好　□有沟通，但时间很短　□根本未沟通 沟通内容/未沟通原因：＿＿＿＿＿＿＿＿			
	建议				
班主任评估	完成情况	□完成　□大部分完成　□少部分完成　□完全未做			
	与学生 沟通情况	□沟通良好　□有沟通，但时间很短　□根本未沟通 沟通内容/未沟通原因：＿＿＿＿＿＿＿＿			
	与家长 沟通情况	□沟通良好　□有沟通，但时间很短　□根本未沟通 沟通内容/未沟通原因：＿＿＿＿＿＿＿＿			
	评语				

三、主题延伸阅读

改变

（一）

黄小翔是班里的生活委员，可是他对自己的卫生状况却从来不怎么放在心上。在这一点上他做得就远远不如严春花。

别看严春花是从农村来的孩子，可是对自己的卫生却一点也不马虎。她的衣服总是干干净净的，头发总是梳得整整齐齐的。一开始的时候，她的同桌黄小翔总是说她的身上有一股味道很难闻。可是同学们都说，严春花的身上有一股洗衣粉的清香味，要比黄小翔身上的气味好闻多了。这让黄小翔很不高兴。

黄小翔对自己的事情一直抱着这样的态度——能省事就省事。所以如果妈妈不提醒他去洗澡，他绝对不会主动躺在洗澡盆里。对于自己的穿着，他以低调来评价自己，但是用同学的话说，就是一个多月从来没有换过衣服。他的头发也充满了个性，不是这儿出来一个尖就是那儿乱成一团。

（二）

他的同桌严春花一直是以忍耐能力超强而著名的，但是对于黄小翔的卫生习惯也有忍受不住的时候。这一天，当黄小翔穿着一身泥点子的衣服，头发乱糟糟地出现在严春花身边的时候，严春花说："黄小翔，看见你我就想起了我的家乡。"

黄小翔莫名其妙地看着她问："为什么？"

"你的头发让我想起了我们家的鸡窝，就连味道都有些像。"严春花凑到黄小翔身边闻了闻说。

黄小翔的脸红了，他大声说道："这是外国的香水你懂吗？这是国际的味道。"

"那国际的味道就都和鸡窝的味道一样啦？"严春花不甘示弱地问道。

"这是时尚，时尚你懂吗？老土。"黄小翔生气了。

一听到时尚两个字，金姗姗就急忙凑了过来，她因为自己家里有钱，所以一直认为自己是引领时尚的先锋。

她小心地凑过来在黄小翔的身上闻了两下，然后闭上眼睛，就如同品酒一样沉思了片刻说："外国的奶酪好像是这个味道，香水我没有闻见过，是什么牌子的？"

黄小翔觉得她们实在是不可理喻，马上冲出了教室，去操场打篮球去了。

（三）

黄小翔的妈妈也对黄小翔的个人卫生问题愁得头疼。因为在外企工作，她每天都很早出门，很晚回家，所以根本就无暇顾及黄小翔的个人卫生问题。这个重担她曾经郑重地交给了黄小翔的爸爸，可是黄小翔的爸爸和黄小翔的性格差不多，有很多事情是能不管就不管，所以黄小翔的卫生不仅没有改变，反而更糟糕了。

但是，孩子卫生不好从来就没有人会责怪爸爸，而是直接把矛头指向妈妈。所以班主任穆老师就曾在家长会上暗示过黄小翔的妈妈："听说您工作特别忙？"

"是啊，您是怎么知道的？"黄小翔的妈妈觉得有些受宠若惊。

"看黄小翔我就知道了。"穆老师微笑着说。这时满身是泥的黄小翔从外面跑了进来，并不识趣地凑上前来问道："穆老师，您表扬我什么了？"

很多家长都情不自禁地笑了起来。黄小翔妈妈的脸那叫一个红啊。

所以妈妈决定对黄小翔进行彻底整改，并亲自监督黄小翔彻彻底底地洗了一个澡，这个澡长达 40 分钟，黄小翔几次想从卫生间冲出来，都被妈妈严厉地推了回去。

"不洗掉层皮你就别给我出来！"妈妈大声地命令道。

黄小翔只能无奈地又洗了起来——他和爸爸都害怕妈妈。

这样，第二天黄小翔就如同换了一个人一样出现在大家的面前。同学们都吃惊地看着他，仿佛他是第一次走进这间教室。

可是妈妈的工作实在是太忙了，她坚持了几天以后，不得不身心疲惫地把照顾黄小翔卫生工作的重担重新交给爸爸。于是很快，黄小翔又恢复了以前的样子。

（四）

过了几天，班主任穆老师给黄小翔布置了任务，要他抓紧时间把班级的卫生做好、做彻底，因为听说有别的学校的学生来这里参观，并和他们一起联欢搞活动。

黄小翔是一个责任心比较强的孩子，这次事关学校的脸面，所以他在分配任务的时候不敢有丝毫马虎。全班同学对这件事情也十分重视，所以劳动起来都十分卖力。尤其是严春花，一个人简直能顶10个人使唤，又是拖地又是擦窗户，而且把每个同学的桌椅都擦了一遍。

黄小翔对严春花的劳动能力向来十分佩服，正因为有了她，像金姗姗和陈丹丹这样的娇小姐才能一边心不在焉地干活，一边偷懒聊着天。

卫生终于做好了，同学们已经大汗淋漓了。

"不行了，不行了，真是累死人了，我在家哪做过这些啊。"金姗姗在家里从来就没做过家务，学校里的劳动也是能躲就躲，穆老师为此还特意叮嘱黄小翔，每次做卫生的时候，一定要把金姗姗留下来，为的是培养她的劳动习惯。

"明天来的是什么人啊？这么兴师动众的。"彭湃一边靠在椅子上喘气一边问。

"听说是西部贫困山区的学生，来咱们这儿参观和结对子的。"陈丹丹是班长，她总是能获得第一手信息。

"噢，那也不用这么费力地劳动啊，他们见过什么？是不是啊，严春花。"黄小翔一有机会就会讽刺严春花几句。

"是啊，他们确实是来开阔眼界的。"严春花笑着说，"我刚进城的时候，走在马路上都害怕，怎么就这么多车啊！总是害怕被撞着。"

"哼哼。"黄小翔冷笑了两下。

严春花根本就没有在意,她对黄小翔的冷嘲热讽从来就没有放在心上。因为她是一个心胸十分宽广的孩子,她继续说:"如果他们不来城里看看,就不知道外面的世界会是这样,就会在穷山沟里过一辈子。"

严春花的话让大家都沉默了下来,最后陈丹丹说:"明天咱们一定要招待好他们,黄小翔,你也换一换衣服吧。"

黄小翔没有说话。

(五)

第二天一早,同学们都陆续来到了学校。黄小翔的出现,让陈丹丹大失所望。她本来以为黄小翔虽然没有什么名牌服装,但至少能穿一件干净的来,可是他还是穿着昨天大扫除时穿的那身衣服,身上这儿一道泥痕,那儿一块黑点。

"黄小翔,你怎么没换衣服啊?"陈丹丹惊讶地喊道。

其实黄小翔本来是打算换一身新衣服的,昨天晚上回家以后感觉有些累,于是就回到自己的小屋睡觉去了,等一觉醒来,发现已经快迟到了,所以他随手抓起昨天劳动时穿的衣服就跑了出来。况且他还有另一种想法,他认为那些从山沟里出来的孩子也一定是脏兮兮的浑身是土。

所以当陈丹丹质问他为什么没有换衣服的时候,他是这样说的:"没事,我这衣服对他们来说已经够好了,他们不会注意到的。而且我这样和他们也没有距离感。哈哈……"

陈丹丹知道,要是辩论,自己根本就不是黄小翔的对手,所以最好的办法就是听之任之,所以陈丹丹不再说什么了。

不一会儿,两辆白色的大巴缓缓地驶进了校园。同学们都赶紧手捧鲜花迎了上去。黄小翔突然想起来自己忘记准备鲜花了,这可怎么办啊,现在去买也来不及了。这时他突然闻到了一股淡淡的花香和清新的泥土气息。严春花把几束鲜花递给黄小翔说："这是我们家院子里种的，给你一些吧。"

黄小翔急忙接了过来，但是百忙当中还是没有忘记讽刺一句："不是从花园里偷摘下来的吧？"

严春花没有理他，而是径直走上前献花了。山区的小朋友也已经从车里下来了。让黄小翔觉得奇怪的是，这些孩子不仅没有像他想的那样浑身全是黄土，相反一个个都衣着整洁干净。黄小翔一身脏衣服站在人群里突然变得异常醒目了。

黄小翔觉得所有人的目光都在注视着他，他认为每个人脸上的笑容都是在嘲笑他的衣服。他的脸变得通红，然后急忙把鲜花递给了一个离他最近的小女孩，并且急忙解释一句说："早上去摘花的时候，弄得浑身都是土。"小女孩微微地笑了一下。

（六）

座谈会上，陈丹丹发挥了出色的组织才能，她热情地和那些有些羞涩的山里孩子聊着天。突然陈丹丹问道："我在电视上看见过你们住的地方，那儿的沙尘很大，可是你们为什么还穿得这么干净呢？"

那些山沟里的孩子们互相看着，羞涩得不知道该说些什么，最后一个稍微勇敢一些的孩子站起来说："我们觉得，虽然我们生活在小山沟里，但是把自己收拾得干净一些也觉得很高兴。"那个孩子马上又红着脸坐下了。

穆老师站起来说："这位同学说得很好啊，她说的是一种生活的态度，穿一件干净的衣服，看起来很简单，但是却说明了对生活认真负责的态度。"穆老师一边说一边意味深长地看了黄小翔一眼。黄小翔急忙低下了头。

从那以后，黄小翔好像是变了一个人，衣服穿得整洁了，而且每天都仔细整理自己的外表。他这样做了以后，突然觉得每天的心情也变得好了起来，因为人们是从早上迎接每一天的，而干净整洁的仪表，说明他对每一天都不会轻易放弃。他决定要干干净净地迎接每一天。

习惯七：

耐心听他人说话

一、导入部分

1. 理念

我们经常注意到这样的现象：有的人心直口快，在集体会议上或与别人谈话时，总是抢先发言，当别人说话时，他常常中途打断，迫不及待地说出自己的想法。并且，他对自己常常打断别人讲话并没有丝毫不自然，反而觉得自己的话能给别人很大启示。开始，别人碍于情面，对他这样做并没有什么反应，时间一长，大家就对他有看法了，有的甚至不愿意与他有过多的来往。

为什么会这样呢？

这样的人勇于表达自己的观点但总是随意打断别人讲话，不愿意做个耐心倾听的听众，这是对他人的不尊重。久而久之，自然会引起别人的反感。

杰出人物往往善于耐心听他人说话，倾听他人的意见。松下幸之助经营的诀窍之一，就是"细心倾听他人的意见"。

有一位哲人说过："上帝给我们两个耳朵，却只给我们一个嘴巴，意思是要我们多听少说。"外国也曾有谚语："用十秒钟的时间讲，用十分钟的时间听。"社会学家兰金也早就指出，在人们日常的语言交往活动(听、说、读、写)中，听的时间占45%，说的时间占 30%，读的时间占 16%，写的时间占 9%。这说明，听在人际交往中居于非常重要的地位。

父母对孩子的教育，其中之一就要培养他们耐心倾听的良好习惯。

为此，可以让孩子问问他们自己是否能做到耐心听他人说话：

你在听别人说话时，眼睛总是看着对方吗？

你的身体会稍稍前倾，以全身的姿势表达自己在入神地听对方说话吗？

别人讲话时，你并不急于插话，打断对方吗？

即使对别人的话不感兴趣，也会耐心地听人家把话说完吗？

你会用心听对方说话，而不是一边听一边考虑自己的事吗？

听到别人的批评意见时，你会平静地听他把话说完吗？

……

如果孩子的答案以肯定居多，说明他在这方面已经做得很不错了，如果正好相反，那就要鼓励孩子继续加油吧！

如果您希望自己的孩子成为一个善于谈话的人，就要先培养他做一个能耐心听他人说话的人。

2. 描述

（1）尊重他人的态度

尊重他人是人与人顺利交往的一个重要因素。耐心听他人说话，首先体现的是对他人的尊重，而这种尊重，最容易被对方接受，并且能产生共鸣。

卡耐基在《人性的弱点》中讲过他的一次亲身经历：

他曾在纽约出版商主办的一次晚宴上，见到了一位著名的植物学家。他倾听着植物学家谈论大麻、室内花草以及关于马铃薯的惊人事实。直到午夜告别时，他几乎没有说过什么话。那位植物学家却高兴地对主人说：卡耐基先生是最有意思的人，是一个最有意思的谈话家。

卡耐基先生看起来什么也没有做，实际上却做了一件在人际交往中十分重要的事，即耐心听他人说话。因为他自始至终保持了"倾听"的姿态，使对方感觉自己是被尊重和鼓励的，因而乐意继续说下去。而我们身边有很多人却恰恰相反，别人认真地对他说话，他却心不在焉，不是左顾右盼，就是处理其他的事情，或者是摆弄身边的东西，或者是不时地起来走动……这种种方式都极其容易伤害说话者的自尊心，说话的人一旦觉得自己不被尊重，也就不愿意继续说话了。最终，双方的谈话只能草草收场，这对人际交往十分不利。

（2）谦虚，不自以为是

越是能耐心听他人说话的人，越是了解自己的不足，也越是谦虚。

有一则流传已久的小故事：

一天上午，父亲邀我一同到林间散步，我高兴地答应了。

父亲在一个弯道处停了下来。在短暂的沉默之后，他问我："除了小鸟的歌唱之外，你还听到了什么声音？"

我仔细地听，几秒钟之后我回答他："我听到了马车的声音。"

父亲说："对，是一辆空马车。"

我问他："我们又没看见，您怎么知道是一辆空马车？"

父亲答道："从声音就能轻易地分辨出是不是空马车。马车越空，噪音就越大。"

后来长大成人，每当我看到口若悬河、粗暴地打断别人的谈话、自以为是、目空一切、贬低别人的人，我都感觉好像是父亲在我的耳边说：

"马车越空，噪音就越大。"

可是，很多人就像空空的马车一样，常常等不到对方把话说完，

习惯七：耐心听他人说话

就匆匆忙忙上去卖弄自己的观点，这样做，实际上只是在向人炫耀自己的无知和自大。

有人说，学会了如何倾听，我们甚至能从谈吐笨拙的人那里得到收益。因为在谈话中，任何人都不可能永远处于说的位置上，要使双方交流顺畅，就必须善于耐心听他人说话，善于倾听。倾听他人既是一个听的过程，也是一个学的过程。

善于倾听的人懂得"三人行必有我师"的道理，不仅能听取对方的信息，及时做出回应，而且还能从对方的言语中发现自己缺失的方面，了解自己的不足，不断完善自己。基于这样一种态度，对方更能感觉到自己是被尊重的，也更愿意继续谈话。

（3）倾听他人的心声，促进心灵的沟通

我们发现，在生活中，越是能耐心听他人说话的人，与他人的关系也越融洽。倾听本身就是肯定和鼓励对方谈话的一种方式，我们能耐心听对方说话，等于告诉对方：你是一个值得我倾听的人。

耐心听别人说话，意味着心灵与心灵之间的沟通。因为这虽然只是一种交流和谈话的方式，却蕴含了极大的信任。

《教育的秘诀是真爱》中有这样一个故事：

一天下午，别的班都已经放学了，我想让学生在即将到来的区数学竞赛上取得好成绩，便对着已经收拾好书包准备回家的学生们说加一节辅导课。孩子们发出一阵叹息，慢吞吞地重新拿出笔记本，我准备开讲。

"老师，我想回家。"说话的是"老顶"。

"为什么？"

"我不想上了，我累了，头疼。"他说话的语气和表情一看就知道是成心跟你过不去，我没理他，回过头来在黑板上写数学题。

"梆、梆、梆"，我回头一看，他居然敲起了桌子。

我耐着性子说："你干吗？请不要扰乱课堂秩序，不想听也不要影响别人。"

"梆、梆、梆"，这回他索性抱着桌子，拿着笔敲桌子，而且声音比刚才还大，全班都能听得清清楚楚，公然和我对着干起来了。

我一个箭步就来到他面前，"你什么意思，要干吗？我这辛辛苦苦为谁啊？"

"我头疼，不想学了，我要回家。"

我肺都要气炸了，强压着火不理他，谁知我一回头他又敲了起来。我走下来，一手拽住他的脖领子，一手拎起他的胳膊，一下子把他拉到了门外。糟糕的心情使我草草放了学。

我把"老顶"请进了办公室，有意识地平静了一下自己的心情。

"你刚才为什么那样捣乱？"惊魂未定的他直往后躲。

"我们累了，你干吗占用我们的课余时间，我们想回家休息。"他的声音明显没有刚才那么嚣张。我听了这话，心里咯噔一下，之前我觉得自己是在为他们好，并没有想想学生的感受。现在好好想想，学生也真是不容易，上午 5 节课，下午 3 节课，中间只有一个半小时的吃饭休息时间，属于他们自己休息娱乐的时间实在太少了，我居然还要占用他们的时间，以为自己是对学生负责，实在有些残忍。

想到这儿，我对他说："你也累了，回家好好休息一下吧！"

这是一位懂得及时反省的老师。想一想，如果不能给他人说话的机会，怎么可能了解对方的心情，听到对方的诉说？怎么可能意识到对方也需要理解和帮助？

倾听他人的心声是一种美德。在别人愉快的时候与他分享快乐，在别人痛苦、失落的时候与他分担痛苦和失落，这种用心与人交往的表现必然会赢得他人的好感。

（4）倾听有益于人际交往

在与人相处中，注意耐心听他人说话，保持"倾听"的姿态，是很多杰出人物之所以受到欢迎和拥戴的重要原因。

《培养一个真正的人》中有这样一段文字：

美国一位资深外交官曾对周总理在外交活动中注意"倾听"的风格留有深刻的印象。他说："凡是亲切会见过他的人几乎都不会忘记他。他身上焕发着一种吸引人的力量。长得英俊固然是一部分原因，但是使人获得第一个印象的是他的眼睛。你会感到他全神贯注于你，他会记住你和他说的话。这是一种使人一见之下顿感亲切的罕见天赋。"

耐心听他人说话，的确有益于我们的人际交往。只有倾听，才能在同伴中建立信任；只有倾听，才能了解他人的思想、个性、爱好和期盼；只有倾听，才能捕捉到外界的各种信息，以利于自己作出正确的判断。

二、21 天训练方案

1. 训练要点

（1）专注

训练孩子耐心听他人说话，首先要让孩子做到专注。专注需要孩子自始至终集中注意力，专心于与对方的谈话：

一是关注对方所说的话，这能直接帮助孩子理解对方所谈的问题，及时正确地作出判断，采取恰当的回应。因为人们听话时的思维比讲话时的思维快得多，完全可以在这段时间中对对方所说的话进行思考和判断。

二是关注对方的面部表情、眼神和体态，这能帮助孩子对对方的感情和态度进行推断，然后作出决断。比方说对方十分兴奋的时候不要轻易打断他的话，对方感觉沮丧时最好能及时做出抚慰的举动。

（2）**不随意打断对方**

有很多人常常在对方说话说到一半的时候，抢过话来，自己叽叽喳喳说个没完没了，这样随意打断对方是很不礼貌的，应该让对方把话说完。除了礼貌之外，只有让对方把话说完，才能了解对方的真正意图，从而给予恰当的回答。

教育孩子不随意打断对方说话，控制自己。一要保持平静，抱着"学习"的心态，安静地听对方讲下去；二要时刻提醒自己，打断对方是不礼貌的行为，要听对方把话讲完。如果实在忍不住，就在张口打断别人之前，在心里把想说的话默念几遍，以此来警告自己不要随便打断对方。

（3）**学会提问**

耐心听他人说话，意味着给予他人更多说话的机会。如果孩子掌握恰当的提问方式，能帮助他把更多说的时间留给别人。

告诉孩子提问不是随便问，需要注意：

一是所提的问题要尽量避免涉及对方的隐私和敏感的话题。比如有的人不喜欢别人询问自己的年龄、家庭、收入情况等。

二是所提的问题最好能给对方留下余地，让对方能畅所欲言，而不是简单地回答"是"或"不是"。

比如两个初见面的人，"你是从哪里来的？""你爸爸妈妈是做什么的？""你家里有兄弟姐妹吗？""你现在住在哪里呢？""你喜不喜欢这里？""你今年多大了？"等类似于这种打破沙锅问到底的提问方式可能会让对方感觉压抑，有点像查户口的感觉，如果对方不高兴，很可能产生"我凭什么一定要告诉你？"的想法，从而很快结束交流。

但是，如果能换一种方式提问，"你是从哪里来的？""你们那里是什么样的？有什么好玩的地方？""你在这里感觉如何？"等等类似的问题，对方就可能介绍一些提问者不太了解的事情，而不是三言两语就结束了，说不定提问者还能从对方的回答中发现两人的共同点，从此结为好朋友呢！

2. 方法和步骤

（1）给孩子在游戏中练习的机会

传话法是一种很好的练习"耐心听他人说话"的游戏。

最好让孩子和父母或几个小伙伴一起进行这个游戏。比如，甲、乙、丙3个人，首先由甲给乙说一段话或者讲一个故事，乙要认真仔细地听完，然后再把这段话或这个故事讲给丙听，甲则听听乙讲得是否准确。也可以是每个人各自说一段话传给其他的人，让最后一个人把话传给发话人。

这种游戏很简单，也没有时间和地点上的限制。如果想完整地复述别人讲的故事，就必须认真仔细地听对方说，并且加以记忆，才不至于歪曲原意。当然，这种游戏也是锻炼孩子说话能力的有效方式。

（2）告诉孩子需要注意的细节

耐心听他人说话有很多好处，但要真正做到却不容易，父母要告诉孩子注意这样一些细节：

首先，在条件允许的情况下，选择比较安静的交谈环境。这样可以少受外界的干扰，避免听不清楚对方说话，造成交流障碍。

第二，交谈时保持冷静的心态，不要受到其他事物的干扰。比如孩子做错了事情，被父母或老师批评了，即使感到很委屈，也要保持平静，不要随意冲大人大喊大叫，那是很不礼貌的。

第三，面带微笑，不要表现出不耐烦的样子。尽可能地表现轻松，如果孩子自己过于紧张，对方也会感觉紧张。

第四，不要急于挑对方的毛病或提出自己的意见，更不要与对方陷入争论。应该站在对方的立场上去听，努力理解对方所说的话，而不是一有分歧就急急忙忙地表态。"不对"、"你错了"、"我不同意"、"不可能"之类的评语尽可能少用，因为这些可能会伤害对方的感情。

第五，交谈过程中要少讲多听，不随意打断他人的讲话。洛克说过："插嘴和争辩也不符合礼仪的要求。别人谈话的时候去插嘴是一种最大的冒犯，因为我们在知道人家将说什么之前就去答复人家，若不是鲁莽愚蠢，也是一种明白表示，即对方的话我已经听腻了，不愿对方说下去了。"

第六，运用好眼神和表情。尽可能以柔和的目光注视着对方，并通过点头、微笑等方式对对方的谈话作出积极的反应，也可以不时地使用"是的"、"明白了"、"对"等简短的语言表示自己在认真听对方说话。

第七，如果对对方谈到的内容比较感兴趣，可以先点点头，然后简单地表明自己的态度，最后再说"请接着说下去"、"这件事你觉得怎么样？""还有其他事情吗？"等，这样会使对方谈兴更浓。

第八，要注意倾听对方说的内容，最好能够在对方讲完后简单地复述一遍，这样可以让对方感到被认真倾听，同时也确保理解了对方所讲的内容。

第九，如果对对方的谈话不感兴趣，可以委婉地转换话题，比如，"我想我们是不是可以谈一下关于……的问题？"等等。

3．训练和评估表格

表格使用方法："选择目标"、"自我检测"部分由孩子自己填写，"父母评测"由父母填写，"班主任评估"由班主任填写。

选择目标	目标测试	□明确耐心听他人说话的重要性 □在学校耐心听老师教导 □在家耐心听父母的话 □社会交往中耐心听他人说话 □注意细节 □与父母、班主任有一定的沟通 □对要做的事情有所计划 □身边有榜样/合作者/竞争者
	最终目标	

(续表)

		已完成目标	未完成内容	下一步安排	个人心得
自我检测	7日检测				
	7日检测				
	7日检测				
父母评测	完成情况	□完成　□大部分完成　□少部分完成　□完全未做			
	与孩子沟通情况	□沟通良好　□有沟通，但时间很短　□根本未沟通 沟通内容/未沟通原因：＿＿＿＿＿＿＿＿＿＿			
	建议				
班主任评估	完成情况	□完成　□大部分完成　□少部分完成　□完全未做			
	与学生沟通情况	□沟通良好　□有沟通，但时间很短　□根本未沟通 沟通内容/未沟通原因：＿＿＿＿＿＿＿＿＿＿			
	与家长沟通情况	□沟通良好　□有沟通，但时间很短　□根本未沟通 沟通内容/未沟通原因：＿＿＿＿＿＿＿＿＿＿			
	评语				

三、主题延伸阅读

谁是最受欢迎的人

（一）

　　日子一天一天地过去了，严春花渐渐地成为四年级三班不能缺少的一分子。很多人都喜欢和她说话，她也总是尽自己最大的努力去帮助别人。于是严春花成了最受欢迎的人，很多人在下课的时候（尤其是女生）都会主动地跑到黄小翔和严春花的课桌前说："严春花，和我们去操场玩一会儿吧。"严春花也总是会很愉快地和她们一起跑出了教室。

　　这一点让黄小翔觉得有些受不了，因为以前在这个班级里，他才是最受欢迎的人，是全班同学的主心骨，虽然班长是陈丹丹，但每次有重大活动时，都是他来出主意。所以在放学的时候，他把自己心里的不快，全都告诉给了他的好朋友澎湃。

"你不用在乎这个，黄小翔。"彭湃说，"全班的男生都是支持你的。"

"真是患难见真情啊。"黄小翔激动地说。

本来这件事情也就这么过去了，可是第二天上学的时候，出现了一个小小的插曲。班里一向少言寡语的陈果，竟然和严春花有说有笑地走进了教室。这让黄小翔受了不小的打击，因为以前陈果是黄小翔的死党，什么时候被严春花给收买了？

"小翔，没想到严春花这个人还真有意思。"陈果笑嘻嘻地对黄小翔说。

"你这是什么意思？"黄小翔看着陈果，冰冷的眼神，似乎要把陈果给冰冻起来。

"黄小翔，你怎么啦？用这种眼神看我。"陈果紧张地问。

"没什么！"黄小翔狠命地瞪了陈果一眼，然后走出了教室。

"嘿，你真的不知道黄小翔为什么不理你？"彭湃对还在发愣的陈果说。

"不知道。"陈果摇头说道，满脸的无辜。

"嘿嘿，谁叫你和严春花在一起玩儿的。"彭湃说。

"没有啊。"陈果还是不能理解。

（二）

"彭湃，只有你了，我的朋友中只有你还没有背叛我。"黄小翔感激地对彭湃说。

"你放心，咱们是什么交情，我是不会背叛你的。"彭湃坚定地说。

"还是你最好，彭湃。"黄小翔彻底被感动了。

"呵呵，当然，如果在我过生日的时候，你能把你的遥控车送给我，我就更高兴了。"彭湃说。

黄小翔呆了一下，看来要有最好的朋友也是有代价的。

"怎么那么多人愿意接近她啊。"黄小翔不服气地说，"她长得又不漂亮、家里又没有钱，怎么就会有那么多人喜欢和她做朋友呢？"

"这个你放心，我明天就去帮你调查一下。"彭湃说道。黄小翔觉得彭湃今天还真是够朋友。

第二天整个上午，彭湃都一直跟在严春花的左右。弄得严春花莫名其妙。虽然严春花不知道彭湃为什么会主动接近她，但她十分厚道，还是和彭湃有说有笑的。

中午时，迫不及待的黄小翔终于等来了彭湃。

"怎么样，彭湃，发现什么了吗？"黄小翔问道。

"没有。"彭湃说，"说实话吧，黄小翔，通过这一上午的接触，我真的觉得严春花这个人还是不错的，我看咱们还是和她讲和吧。"

彭湃的话就仿佛是晴天里突然响起了一声炸雷，让黄小翔震惊得不知道该说什么好。

"彭湃，你不会也……"黄小翔紧张地说。

"当然，不过我觉得严春花这个人真的还是不错的。"彭湃说。

"别说了！"黄小翔愤怒地喊道，"你要是觉得她好你就去找她吧，反正我是无所谓的了。"

"小翔，你别生气嘛。"彭湃说。

"没有生气。"黄小翔气鼓鼓地说。

"真没有生气？"彭湃试探地问。

"真的。"黄小翔觉得彭湃应该是不会背叛他的，所以他的语气缓和了一些。

"那太好了。"彭湃高兴地说，"我答应严春花了，中午要给她讲一讲打篮球的规则有哪些。"

没等黄小翔说话，彭湃就迫不及待地跑进了教室。黄小翔觉得自己差点就昏过去了。他咬着牙想，不能再这样等下去了，应该主动出击，把团结在严春花周围的同学都争取过来，看来现在是采取行动的时候了。

（三）

下午放学的时候，黄小翔主动找到了陈果，说："陈果，周末上我家来好吗？"

"有什么事情吗？"陈果问道。

"没什么，就是想和你玩一会儿。"黄小翔努力做出很真诚的表情。

"那好吧，等我去完严春花那里，就去找你。"陈果说。

"那就不用来了。"黄小翔没好气地说道。然后气急败坏地跑回了家。

陈果莫名其妙地看着黄小翔的背影说："他这是怎么啦？"

黄小翔又想出了一个办法。转天上学的时候，他就开始四处邀请同学："周日是我生日，来我家吃饭吧，不用带礼物啊，只要你们能去我就很高兴。"

"说得好听，你都这么说了，我们就是不想带也不成了。"有几个老于世故的同学说。

"我说的是真的，唉，让我怎么解释呢？反正你们来我就高兴。"黄小翔急得满头是汗。但是那几个同学还是带着不信任的笑容。

"黄小翔，你生日不是还没到吗？"陈丹丹说。

"我过阴历的。"黄小翔说。

"阴历的是不是应该更晚啊。"陈丹丹的课外知识相当丰富。

"哎呀，别管这么多了，反正我提前过了。"黄小翔说。

"对了，你请严春花了吗？"陈丹丹问。

"请她干什么？你又不是不知道我们之间的矛盾。"黄小翔笑着说。

"我觉得你应该请她。"陈丹丹说。

"我就是不想请，这是我的聚会，我想请谁就请谁！"黄小翔生气地说。

"那我也不去了。"陈丹丹也生气地说道。

由于没有邀请严春花和陈丹丹的退出，班上的女生已经明确表示不会参加黄小翔的生日宴会了。而由于没有女生的参加，男生也有很多开始打退堂鼓了。黄小翔觉得自己是彻底失败了，所以在下午放学的时候，他躲在学校的一个小角落里，失声痛哭起来。忽然有一只温暖的大手拍在了他的肩上。黄小翔抬头一看，原来是班主任穆老师。

"怎么了？黄小翔，遇到什么伤心事了？"穆老师微笑着对他说。

这时候黄小翔觉得穆老师就如同天使一样，他一下子扑到了穆老师的怀里，把全部的委屈都告诉给了穆老师。

穆老师耐心地听完黄小翔的诉说后，温和地对黄小翔说："这样吧，你明天仔细地观察一下，看看严春花是怎么和同学交往的，然后告诉我好吗？"黄小翔点了点头。

（四）

第二天，黄小翔把全部的精力都用在观察严春花。下午放学的时候，他急急忙忙地跑进了穆老师的办公室。

"就这些吗？"穆老师听完了黄小翔的汇报后说。

黄小翔又仔细地想了想后说："对了，她在说话的时候，总是微笑地看着对方，并不时地点点头。"

"这说明了什么？"穆老师问道。

"说明她听得很仔细。"黄小翔说，因为他想起来自己认真听讲的时候也是这样的表情。

　　穆老师说："对啊，这才是问题的关键，倾听其实是一种很厉害的交往武器呢！谁不喜欢别人认真地听自己说话呢？"

　　这时黄小翔突然明白了，他从来没有想到过，以前那些自己根本就没有注意到的小毛病，竟然成了交朋友的障碍。他总是喜欢打断别人的话，总是喜欢在别人说话的时候，眼睛看着远方……看来这些小缺点，今后也要克服了，只有这样才能成为最受欢迎的人。

习惯七：耐心听他人说话

习惯八：

自己的事情自己做

一、导入部分

1. 理念

独立，是人格形成的起点。

四五岁了还不会自己吃饭，必须要父母喂；上小学了不会自己穿衣服、穿袜子；自己不会洗脸、洗手洗不干净；从来没有单独出过门；从来没有单独乘过公共汽车；从来没有自己洗过衣服；从来没有收拾过自己的房间；会背唐诗不会系鞋带；会弹钢琴不会自己骑车上学……

上面列举的孩子的种种行为，在生活中可以说是屡见不鲜。为什么这些原本应该由孩子自己完成的事情却要依赖别人呢？

一个重要的原因就是他们没有养成"自己的事情自己做"的良好习惯。

自己的事情自己做，就是要凭借自己的力量和经验，完成在日常生活和学习中完全属于自己必须面对的事情，而不是想方设法地寻求他人的帮助。

在生活中，很多孩子都已经习惯了让父母当自己的保姆，起床让父母叫，衣服让父母收拾；在学习上，也已经习惯了让父母和老师当自己的拐杖，读书让老师催，写作业让父母陪。试想，一旦父母离开了他们，谁来帮他做这些事情呢？他们会不会变得手足无措，寸步难行呢？

让孩子学会自己的事情自己做，才能帮助他们克服懒惰的心理和依赖的思想，学会自我管理，逐渐成为独立的人。

2. 描述

（1）克服依赖，不给别人添麻烦

下雨天没带雨具是爸爸没提醒、在学校吃午饭忘记带饭盒是妈妈没给准备、上学迟到是因为奶奶在路上耽误了时间……也许在很多孩子看来，这没有什么大不了的。他们从来没有想过，自己的事情让别人帮助解决，给别人添了多少麻烦！

如果孩子总是觉得反正有人帮自己做，渐渐地，他就什么也不想做，什么也不会做了。要成长，要自立，克服依赖，不给别人添麻烦是必须的。

《教育就是培养习惯》中有这样的叙述：

在日本，一些学校把学生带到荒无人烟的小岛。在那里，孩子们自己生活几天，这里既无电，又无煤，连现成的淡水都没有，孩子们自搭住处，自找水源，他们自己拾柴点火，自制海盐，自己煮食野味、鱼类，有时只能自己采集野果充饥……日本很多学校都举办"田间学校"、"森林学校"、"孤岛学校"让孩子们经历风雨，他们对孩子提出了一个响亮的口号："不要给别人添麻烦。"幼儿园的保育大纲上规定：从3岁开始就训练他们自己吃饭以及自己系鞋带等。

在美国，一些腰缠万贯的父母却让孩子自己靠课余打工挣学费，孩子们在星期日擦汽车、剪草坪、洗涤、清扫，甚至去餐馆洗盘子，去垃圾站清运垃圾，以挣得学费。就连第一个亿万富翁洛克菲勒在给孩子零用钱时都按美分统计，并要求他们把账目记在笔记本上，然后对其开支的合理性进行审查。洛克菲勒的孙子竞选总统时裤子开了线，他自己亲手把裤子缝好，并说家长从小严格要求他，必须学会自己动手。

只要孩子依赖别人的次数多了，就会形成一种惯性，在任何事情面前都只会做一个旁观者，看着别人为他忙碌，却意识不到那本来是他自己的事情。可是世界上有很多事是别人想帮不能帮，也无法帮的，只能靠自己，不能依赖别人。

有一位商人让自己的孩子从高处跳下来，表示可以用手把孩子接住。可是当孩子真跳时，他却闪开了。被摔疼的孩子哭着责怪父亲，商人却对孩子说："我这样做是想让你知道，在许多时候和情况下，别人是靠不住的，哪怕是你最亲近的人。要生存，靠自己奋斗，靠自己争取；要实现自己的人生理想，还是首先要靠自己。"

（2）学会自我管理，对自己负责

很多孩子经历过类似的事：上学忘记带学习用具被老师批评，打电话让爸爸妈妈请假回家给他取，还埋怨父母没有提醒他。学习和生活其实都是孩子自己的事情，必须让他学会对自己负责。

著名教育专家孙云晓教授曾经讲过这样一件事：

我的女儿上小学时，习惯于睡懒觉。每天早晨，我几次催她起来，她总是不情愿地说："再呆会儿。"如果真迟到了，她又会抱怨父母不把她拽起来，害得她受老师批评。这样的事情多了，我就觉得不能再这样下去了，得赶紧想办法解决问题。于是，我郑重地告诉女儿："上学是你自己的事情。从明天早晨开始，该几点起床你上好闹钟。如果闹钟响了你还赖被窝，你就赖吧，肯定没人叫你，一切责任自己负！"

其实，我心中有数：孩子跟父母撒娇，在老师和同学那里还是很在意自己的形象的，岂敢迟到？

果然，第二天早晨，闹钟一响，女儿腾地从床上跳起来。从那时起，女儿早晨起床上学就很少再让大人催了。有时候，大人还在睡觉，她早已经骑车上学去了。

良好的自我管理就是要自己的事情自己做，自己的东西自己管，自己的生活自己安排。其中最重要的就是让孩子自己的事情自己做。

一个人如果没有学会自我管理，必然会缺乏责任意识，既不会对自己负责，也不会对他人负责，当然也更谈不上对社会负责了。这样的人，也就难于在社会上立足。

（3）磨炼意志，自我面对困难

让孩子自己的事情自己做，也许他们会遇到很多意想不到的困难，这看起来不是什么好事。可反过来想，面对困难、解决困难，正是磨炼孩子意志的最佳时机。

《向孩子学习》（孙云晓主编）一书中，有这样一个案例：

20世纪30年代，美国著名的效率专家兰克·吉尔勃勒斯夫妇生了12个孩子。谈起育儿经历，吉尔勃勒斯夫妇倒显得很轻松。孩子们在很小的时候就学会了自己的事情自己做，四五岁的孩子就承包了自己的洗澡等自我服务劳动。在孩子们看来，麻烦别人是件丢人的事，若不想让兄弟姐妹瞧不起，最好把自己照顾好。家里的公益事业也由孩子们自己来做，不过方式有点特别，一概采用招标制。中标者可以赚点零花钱。由于有12个竞标者参与，要少出力气赚大钱压根儿就别指望。

一次，父亲宣布家里要粉刷庭院四周的围墙。这可不是一件轻松的活，利用课余时间，至少要干上三五天。大哥第一个参加竞标，他提出要200元，开了头以后，有提180元的，也有提150元的，价格越压越低。最后夺标的是8岁的小妹妹，她只要了8美元，因为她需要的旱冰鞋正好8元钱一双。哥哥姐姐们没中上标，带有几分遗憾，同时也有点幸灾乐祸。他们知道这项工作的难度，只有小妹妹一个人蒙在鼓里。

从此，小妹妹每天放学都会拎一个小桶，爬上梯子刷墙。刷两三个小时后，手臂又酸又痛，中途她有些后悔，可她硬是挺了过来。

到了第7天，她终于完成了任务。小妹妹跑回自己的房间，趴在床上放声大哭，喜悦和委屈的泪水交织在一起。

在吉尔勃勒斯家，劳动已经成为孩子们生活的一部分，他们从孩提时期就感受到了劳动的艰辛和喜悦。童年的经历为12个孩子的一生积累了宝贵的财富。

因此，父母要告诉孩子，困难并不可怕，可怕的是它还没有来，自己就把自己打败了。每个人都有面对困难、克服困难的潜能，关键是要相信自己有能力迈过每一个关口。

（4）独立思考和解决问题，形成独立人格

现代教育家陶行知说过这样的话：出自己的力，流自己的汗，吃自己的饭才是英雄汉。可是现在的很多孩子，却成了"抱大的一代"，如同温室中的花朵，患了"软骨症"一般，见不了世面，经不了风雨，结果独生子女难独立，着实令人担忧。

因此，父母要敢于对孩子放手，给他们独立思考和解决问题的机会。

因为孩子在自己做事情时，常常会开动脑筋，独自解决问题，这对独立人格的形成十分有益。《新乡日报》曾刊载过《李嘉诚的教子故事》一文，介绍了李嘉诚的教子经验：

香港巨富李嘉诚在教育孩子方面很有见地。他非常注意对孩子人格与品性的培养。他的两个儿子李泽钜和李泽楷长到八九岁时，李嘉诚就让他们参加董事会，不仅让孩子们列席"旁听"，还让他们插话"参政议政"，主要是学习父亲"不赚钱"、以诚信取胜的学问。后来，两个儿子都以优异的成绩在美国斯坦福大学毕业了，想在父亲的公司里施展宏图，干一番事业，但李嘉诚果断地拒绝了："我的公司不需要你们！还是你们自己去打江山，让实践证明你们是否合格到我公司来任职。"兄弟俩去了加拿大，一个搞地产开发，一个投资银行，他们克服了难以想象的困难，把公司和银行办得有声有色，成了加拿大商界出类拔萃的人物。

李嘉诚作为父亲看似"冷酷无情"，却把孩子"逼"上了自立自强的道路，锻造出勇敢坚毅、不屈不挠的人格和品性。

也许有的孩子会说，在家里，爸爸妈妈把一切大包大揽，进行"一条龙"、"全方位"、"系列化"服务，饭来张口，衣来伸手，白天接送，晚上陪读，他们想独立也很困难。

可见，孩子缺乏独立，父母有着不可推卸的责任。这就需要父母给孩子锻炼的机会，让孩子自由成长。

二、21天训练方案

1. 训练要点

(1) 从日常生活开始培养孩子的自理能力

现代社会生活中的竞争日渐激烈，父母常常会把自身感受到的危机感和紧迫感过早地迁移到了孩子身上。因为需要掌握一定的特长才能立足社会，父母可能更希望孩子学好功课，多掌握一些知识。

父母这种愿望当然是无可指责的，但如果只注重对孩子智力方面的发展，忽略了其他方面的培养，孩子连最基本的生活自理能力都没有，什么都要依赖别人，又怎么可能在竞争激烈的社会立足？怎么可能像父母期望的那样"出人头地"？怎么可能保证孩子在今后的人生道路上不碰壁呢？

孩子自理能力的形成，不是一朝一夕的事情。最有效的方法当然是在日常生活中随时训练，比如说，让孩子自己起床、自己穿衣服、自己叠被子、自己收拾房间、自己洗漱、自己乘车或骑车上学、自己洗衣服、自己按时睡觉、自己制订学习计划等。如果孩子能随时随地地想着自己的事情自己做，凡事不依赖别人，有了困难自己先想办法解决，自然会逐渐培养出自理的能力。

（2）让孩子凡事依赖自己

培养孩子凡事不依赖别人，依赖自己的意识，要他们做到自己的事情自己做就轻而易举了。有人在工作以后回忆说："我小时候看到别的小朋友，妈妈在早上总是把洗脸水准备好，还把牙膏挤到牙刷上，都上初中了，妈妈还帮着倒洗脚水、拿擦脚布，可我的妈妈总让我自己做。当时我可羡慕他们啦！可现在想来，还是我妈妈做得对。我现在起床后，用不了 10 分钟就可以洗漱完毕，穿戴整齐出门，出差时也用不了几分钟就能把必需的生活用品收拾妥当，从不丢三落四。而这些使我时常被同事赞扬而更加自信，这与我从小就生活自立不无关系。"

2. 方法和步骤

（1）生活方面

由于年龄和能力的关系，孩子在生活上有很多事情不得不依靠父母的帮助，但这不等于孩子就完全没有机会自己的事情自己做。我们可以让他们从以下几个方面试着对自己进行管理。

一是自己完成一些简单的事情，比如每天早上自己起床、自己穿衣服、自己叠被子、自己刷牙洗脸、自己洗一些小件的衣物等。

二是学会自己整理物品，学会物归原处。比如自己整理房间；为自己的玩具和物品设置专门的地点摆放，给它们设立一个"家"；每次用完东西之后不能随便乱扔，等着别人收拾，而要自己动手放回原处等。

三是自己安排和负责一些事务。比如每次出门前，先想一想要带什么东西、是否要增减衣物；出去玩的时候，要安排去哪里玩、用什么交通工具、主要做些什么、吃饭的问题怎么解决等。总之是尽可能地安排好每一件事情，并且负责到底。

（2）学习方面

父母和老师天天教育孩子好好学习，所以很多孩子都把学习当做父母和老师套在自己身上的枷锁。这是一种错误的想法。其实，学习完全是孩子自己的事，必须要他们对自己负责。我们可以试着从这几个方面来指引孩子做好学习上的自我管理：

一是明确认识学习是自己的事情，学习不是为了别人，而是为了自己获得知识，充实自己的思想，成长为一个健全的人。

二是遵守学校的制度和纪律，不迟到，不早退，不随意旷课。

三是要主动学习，尽量不要让父母和老师提醒，做到提前预习、认真听课、独立完成作业、及时复习等。

四是有困难自己先想办法解决，不要急于求助他人。

五是认真做好学习计划，严格按照计划步骤实施等。

(3) 尽量让孩子自己多做一点，父母少做一点

家庭教育中，一个大问题是：父母为孩子做的事情太多了，而孩子自己做的事情太少了。父母做的事情中，又有大部分都是孩子自己能够做到的。

毋庸置疑的是，父母这样做是出于对孩子的爱护。但从某种角度来讲，父母为孩子做得越多，孩子越容易依赖。依赖的坏习惯也不是与生俱来的，是后天形成的。所以，父母一定要为孩子少做一点点，争取让孩子自己多做一点点。

首先，父母应该听听孩子的决定。如果孩子能主动提出自己做事情，父母应给予热情支持。

第二，父母可以和孩子做一些约定，比如在某些方面不管孩子，在某些方面少管孩子，在某些方面可以适当管管孩子等。父母要和孩子约定共同遵守，不要破坏规定。

第三，父母要多给孩子自主的机会。在有些问题的选择和决定上，孩子应该有自己的主见、自己的决定权。

第三，父母要给孩子提供独立锻炼的机会。日常生活中有很多事情需要处理，也很能锻炼孩子的独立性，比如让孩子自己去超市为全家购物、去银行交水电费等。

3. 训练和评估表格

表格使用方法："选择目标"、"自我检测"部分由孩子自己填写，"父母评测"由父母填写，"班主任评估"由班主任填写。

<table>
<tr><td rowspan="2">选择目标</td><td>目标测试</td><td colspan="4">□明确学习和生活是自己的事
□不依赖别人，自己对自己负责
□从日常生活做起
□做好自我管理，培养自理能力
□勇敢面对困难</td></tr>
<tr><td>最终目标</td><td colspan="4"></td></tr>
<tr><td rowspan="4">自我检测</td><td></td><td>已完成目标</td><td>未完成内容</td><td>下一步安排</td><td>个人心得</td></tr>
<tr><td>7日检测</td><td></td><td></td><td></td><td></td></tr>
<tr><td>7日检测</td><td></td><td></td><td></td><td></td></tr>
<tr><td>7日检测</td><td></td><td></td><td></td><td></td></tr>
<tr><td rowspan="3">父母评测</td><td>完成情况</td><td colspan="4">□完成　　□大部分完成　　□少部分完成　　□完全未做</td></tr>
<tr><td>与孩子沟通情况</td><td colspan="4">□沟通良好　　□有沟通，但时间很短　　□根本未沟通
沟通内容/未沟通原因：_____</td></tr>
<tr><td>建议</td><td colspan="4"></td></tr>
<tr><td rowspan="4">班主任评估</td><td>完成情况</td><td colspan="4">□完成　　□大部分完成　　□少部分完成　　□完全未做</td></tr>
<tr><td>与学生沟通情况</td><td colspan="4">□沟通良好　　□有沟通，但时间很短　　□根本未沟通
沟通内容/未沟通原因：_____</td></tr>
<tr><td>与家长沟通情况</td><td colspan="4">□沟通良好　　□有沟通，但时间很短　　□根本未沟通
沟通内容/未沟通原因：_____</td></tr>
<tr><td>评语</td><td colspan="4"></td></tr>
</table>

三、主题延伸阅读

军训

（一）

五一就要到了，照例是准备春游的时候，所以四年级三班的这些孩子早就有些坐不住了。心里迫切地想要知道学校要组织他们去哪里旅游。

但是黄小翔带来的消息却让大家万分失望："听说学校今年不准备去春游了。"

"什么？"全班有一多半的同学都大声地喊了起来，"你听谁说的？"

"当然是有证据的。"黄小翔得意地说，"刚才我从校长室门口路过的时候，亲耳听见校长说的。"

"校长是怎么说的？"有同学追问道。

"校长是这么说的。"黄小翔模仿校长的口气说，" '啊，今年我们不去了，不打算组织春游了，谢谢你们。' 我就听了这么多，但答案已经很明确了。"

"哎呀！"有不少学生叹起气来。紧接着，教室里的哀怨声此起彼伏。

这时班长陈丹丹从座位上站了起来，大声说道："我听到的消息可不是这样。"

她的声音虽然不大，但是却起到了镇定剂的作用，班上的那些似乎失去理智的同学一下子安静下来了。

"你又有什么消息？"有人小声地问。

"这个，保密，反正学校虽然取消了春游，但是要带咱们去别的地方。"陈丹丹说道。

"去什么地方啊？"很多同学都围了过来，他们知道，陈丹丹是中队长，是老师的得力助手，她的消息当然要比黄小翔准确多了。但是此刻，陈丹丹端坐在椅子上，面带神秘微笑，任同学们如何试探，她一句话也不说。

最后大家只能失望地离开了，但他们还是觉得有些收获，因为现在至少确定，春游虽然取消了，但学校还是准备了别的活动。

（二）

第二天，满怀期待的同学们从老师那里得到了准确答案：今年学校确实不准备组织大家去春游了，而是要组织大家进行一次拓展训练。

"拓展训练？"这个名称对很多同学来说还是很陌生的。

"就是几个同学组成一个小队一起完成一件事情。"黄小翔说，因为他的妈妈在外企工作，最近刚参加完单位组织的一个拓展训练，所以黄小翔对这件事十分清楚。

"哦！"很多人恍然大悟，"那准备些什么东西呢？"

"不用准备，营地都提供了，只要带好换洗的衣服和穿上一双轻便的球鞋就可以了。"班主任穆老师说。

"哎呀，我可是对吃的东西要求很高啊。"彭湃一听穆老师说不让带零食，平常就十分嘴馋的他觉得就像世界末日要到了。

听了彭湃如此痛不欲生的喊叫，全班同学都哈哈大笑起来。

（三）

出发的日子很快就到了，这天的天气格外好，每个人都不知不觉地兴奋起来。同学们高高兴兴地上了来接他们的汽车，去郊外的路上大家有说有笑。

除了严春花，这些出生在城市的孩子，还从来没有这么近地接触到大自然呢！他们对什么都充满了好奇。

"看，那是韭菜吧。"

"胡说，我看那怎么像是水稻啊。"

"哈哈，你也不知道吧。"

"问问严春花吧，她准知道。"

"那是小麦。"严春花肯定地说。

"看，严春花，那里怎么种的全是鸡冠花啊。"

"不是，是玉米。"严春花说。

……

严春花一下子成了最博学的人，这让平常很受同学推崇的黄小翔有些受不了，他歪戴着帽子，心里很不平衡："哼，有什么了不起，等到了山里，我就让你们知道我的厉害。"

汽车拐上了如蟠龙一般的山道，一边是险峻的高山，一边是深深的峡谷，如此险恶的环境让这些孩子着实吓了一跳。到了目的地，他们从车上走下来的时候，还觉得两条腿直发抖。

在分配宿舍前，教官和穆老师进行了一次突击检查，结果发现有很多同学偷带了大量的零食。仅从彭湃那里就缴获了两大口袋。

然后是组成小队，按照黄小翔的想法，应该分成男生一组女生一组，可是事情偏偏不是向着他想的方向发展，结果他、彭湃、江小小、陈果、陈丹丹、金姗姗和严春花分到了一个小队。黄小翔对其他人还是可以忍受的，唯独受不了的是严春花，他觉得严春花总是会把他完美的计划给破坏掉。

分配完毕，接着是整理自己的内务，当他们满怀欣喜地推开宿舍大门时，那种失望的心情就仿佛是从天堂突然掉到了地狱。

宿舍仿佛很久没有人住了，一股潮气扑面而来，床上都有很厚的一层灰尘，如果不打扫根本就不能住人，而他们却要在这个地方生活 3 天呢。

动手打扫卫生吧，旅途的劳累让每个人都提不起兴致。分配给自己的任务也都是能糊弄就糊弄地做一下。尤其是自己的床位，更是没有什么心情去整理，有的人甚至喊道："要是我妈妈跟来就好了。"这句话让很多同学都深有同感。只有严春花，好像没有受到丝毫的影响，她很快地收拾好自己的东西，并主动把宿舍又清理了一遍——刚才做的那遍，和没做没有什么区别。

（四）

正当每个人还都躺在床上，舒服地养神的时候，开饭的铃声响了起来。彭湃从床上一跃而起，就如同打了兴奋剂一样，向食堂冲去。其实大家早就饿了，所以谁也不愿意落在后面。

等他们都坐下以后，教官开始说要求了：从下午开始就要进行严格的拓展训练，在这个过程中，每个人都会分配到一些任务，这些任务一定要做好，否则就会给自己的小队带来麻烦。

"有这么严重啊。"彭湃小声地说了一句。

然后每个小组选出负责人来盛饭、端菜，吃完饭以后还要收拾和洗碗，而每个人的饭碗都是固定的，晚上还要用它。很不幸，黄小翔和彭湃一上来就抽到了这个光荣的任务。一开始他们还觉得挺高兴，因为在盛饭的时候可以给自己多盛点好吃的东西，可是等到饭后收拾和刷碗的时候，他们就觉得这简直是在要他们的命。

"累死了，彭湃，你帮我弄吧。"黄小翔没精打采地说，想着别人正在休息以便为下午的活动做准备，他就提不起精神来。

"我也不行了，这些事情怎么就好像是做不完一样。"彭湃正努力地把一大堆碗筷放进水池里。

"这个就是干到晚上也做不完啊。"黄小翔说，"要不咱们先去休息一下，等晚上回来再做。"

彭湃马上附和道："好。"

（五）

下午的活动可让黄小翔等人尽了兴，他们事事争先，取得了不错的成绩。所以当他们带着荣誉回到宿舍的时候，也带回了一身的疲惫。

"饿死了，还没开饭吗？"一向以淑女自居的金姗姗此刻也顾不得形象了。

黄小翔和彭湃因为还要负责晚上的饭菜，所以极不情愿地离开了宿舍。等到了厨房，他们被眼前的景象给惊呆了，一大堆脏碗还堆放在水池里，桌子上中午的饭菜还没有清扫干净，一群硕大的苍蝇正快乐地围着餐桌上下飞舞。

怎么办？黄小翔急中生智，说："彭湃，你先清理一下餐桌，然后咱们再去厨房偷一些干净的碗筷。"彭湃同意了。

时间一分一秒地逼近，彭湃简单地擦了一下桌子，然后就和黄小翔冲进了厨房，除了有3个小队和他们一样，其他小队的碗筷都整齐干净地摆放在那里。

"赶紧动手。"黄小翔命令道。他们飞快地抱起一摞碗筷，正要逃走，这时从他们身后传来一阵冷笑："你们在干什么？"

（六）

晚饭的时候，小队的人全都坐在饭桌前等着开饭。

"这是什么味道啊，怎么这么酸啊。"金姗姗的嗅觉十分灵敏。

"哎呀，这桌子怎么这么油啊，根本就没擦干净。"严春花说。

这时黄小翔他们端着一摞脏碗走了过来。

"这碗不能盛东西。"陈丹丹有洁癖，所以她紧张地说。

"那怎么办，就这些碗了。"彭湃说。

"你们怎么没有刷干净啊？"严春花说。

"你以为刷碗这么容易？要不你干。"黄小翔说。

"这是你们的事情，你们应该自己干。"不知什么时候，穆老师出现在黄小翔他们的身后，严肃地说。

当天，黄小翔他们很晚还没有睡觉，而是一直在厨房里忙活着，把那些碗洗干净。为了惩罚他们的偷窃行为，他们还要把其他几个小队的碗给洗了。

（七）

拓展训练的最后一天，是一个综合训练。他们要自己根据地图到指定的地方进行野餐。野餐是每个学生都十分盼望的事情，但是这个野餐可不轻松啊，他们要自己带着水、粮食和蔬菜，爬上很远的一段山路，才能做饭。同时教官还给了他们一些植物的图片，并告诉他们要照着图片去寻找野菜，但是千万不能错了，否则就有中毒的危险。

彭湃背着粮食，黄小翔背着水壶，江小小抱着蔬菜，严春花拿着大锅，金姗姗和陈丹丹看着地图寻找着路线，陈果要沿路收集一些煮饭用的木柴。

才爬了一会儿，问题就出现了。先是彭湃，他痛苦地靠在一块大石头上喘着粗气说："不行了，我受不了了，谁能帮帮我啊！"

没有人能帮忙，因为每个人身上的担子都不轻，彭湃悲惨的叫声严重削弱了大家的斗志，很多人都觉得肩上的重量突然沉了很多。

"我也不行了，以前我从来没有做过这些。"黄小翔说，并且一屁股坐到地上不起来了。

"我的手划破了。"陈果带着哭腔说，"以前我连地都没扫过，现在却干起了这个。"

"我也从来没看过地图，以前出门都是妈妈带我去的。我根本就不认识路。"陈丹丹哭了起来。

"我也是，我想去哪都有司机送。"金姗姗也哭了。

"我不走了，哪也不去了，咱们回去吧，我害怕了。"江小小也被他们感染了。

"哼哼，没想到你们这么娇气。"严春花冷笑着说。

"这不是娇气，而是我们从来就没干过。"黄小翔不服气地说。

"什么事情都有第一次，我知道你们为什么这样。"严春花说。

"为什么？"黄小翔不服气地问。

"你们在等别人的帮助，总是想依赖别人帮你把自己的事情弄好。"严春花说。

"这又有什么不好？"黄小翔反问道。

"这当然不好，因为总有一天你会发现你依赖的拐杖不见了，那时怎么办，哼哼，其实最值得信赖的就是我们自己了。"严春花说。

"总会有人帮助我们的。"彭湃还有些懒惰情绪。

"如果没有怎么办，就留在这儿等着吗？我们将来的生活是要靠我们自己的。"阳光从树叶的缝隙中投射下来，照在严春花的身上，这时的严春花就仿佛天神一样威严。黄小翔沉默了一下，站起身喊道："走吧，我就不信咱们到不了。"

"呵呵。"陈丹丹和金姗姗也破涕为笑，"我们也不信就看不懂地图了。"

严春花走到彭湃身边说："你那个重，要不咱们换换。"

彭湃笑了一下说："现在好像也不那么沉了，咱们走吧。"

（八）

最后他们终于到达了目的地，虽然不是第一名，但是名次也相当靠前，而且是他们班最出色的。

火升起来了，锅里冒出饭菜的香气，他们如饥似渴地围坐在锅的周围，贪婪地闻着这来之不易的饭菜香。

穆老师微笑地走过来说："怎么样，有什么收获？"

几个人相互笑了笑说："我们知道了，只有把自己的事情做好，这个团队才能获得成功。"

穆老师微笑地点着头说："了不起啊，真了不起，你们想得太对了。"

饭好了，每个人都迫不及待地盛了一碗，真好吃啊！就连吃遍了山珍海味的金姗姗，也说这是她吃过的最可口的一顿饭。

习惯九：

微笑待人

一、导入部分

1. 理念

世界上最美的人是带着微笑的人。

也许您的孩子有过这样的经历：

在公共汽车上，突然遇到了急刹车，由于自己没有抓牢扶手，一下子就撞到了别人身上；

急急忙忙赶路的时候，没有注意，一下就踩到了别人的脚，弄脏了对方的鞋；

做游戏的时候，不小心弄疼了伙伴；

……

类似的种种情况，他们都不是故意要伤害别人的。这时，孩子愿意看到一张写满了讨厌与责备的冷冰冰的脸，还是愿意看到一张表示宽容和谅解的微笑的脸？他们肯定会不约而同地期待后者，因为这样一种微笑其实等于在说："我知道你不是故意的，没关系的。"这微笑代表的是一种友善，一种谅解。

每个人都愿意面对一张微笑的脸。微笑待人的人，总是彬彬有礼、和蔼可亲、真诚友善、宽容大度，他们走到哪里都会是最受欢迎的人。

英国诗人雪莱说："微笑，实在是仁爱的象征，快乐的源泉，亲近别人的媒介。有了微笑，人类的感情就沟通了。"微笑待人不仅仅是一种好的行为状态，也是一种良好的心态，父母应该教育孩子学会微笑待人，这是让孩子学会做人的准则之一。

父母可以问一问孩子：

你喜欢微笑吗？你常常微笑吗？

在学校，见到老师或同学，会主动说一声"老师好"或"您好"，同时报以微笑吗？

见到传达室的校工、学校的保洁人员、食堂的师傅，也能同样微笑面对吗？

接受别人的帮助时，会微笑着向别人致谢吗？

在别人不小心冒犯了自己时，会用微笑表示自己的谅解吗？

微笑的时候会真诚地注视着对方的眼睛吗？

能微笑着给陌生人和有困难的人提供力所能及的方便吗？

……

这样的问题还有很多很多，如果孩子能真正做到微笑待人，自然能肯定地回答上面的这些问题。

2. 描述

(1) 一种美丽的表情，一份愉悦的心境

世界上最美丽的，不是绚丽的花朵，不是美妙的音符，不是诗情画意的世界……而是人们脸上绽开的微笑。无论是什么表情，都无法与它相媲美。这种美丽的表情，与人们良好愉悦的心境息息相关。

有一个广泛流传的故事：

一位在证券交易所就职的中年女性由于工作压力大，家务负担重，时常有身心疲惫的感觉。她的脾气在不知不觉中变坏，与家人的关系也日趋紧张。

她意识到这样下去不行。她决心用微笑改变自己。

早晨，当梳头的时候，她对着镜中的自己微笑；吃早饭时，她对丈夫和儿子微笑；出门对开电梯的大妈微笑着说一声"早"；站在交易所的柜台后面，她对认识和不认识的客户微笑；忙碌的操作间隙，她对同事微笑。

刚开始，她觉得很别扭、很勉强。但她知道这样做是对的，她强迫自己记住这样的话："快乐就在那里，并且早已经在那里了。重新得到快乐的途径，就是快乐地行动、言语、思想。"

大约过了3个星期，她就发觉快乐确实回到了她的心中。当她由衷微笑时，人人都对她微笑。

"我觉得微笑每天都带给我许多财富。"这个曾经被认为脾气最坏的人微笑着说，"我现在是一个快乐的人了，一个能够感受生活美好的人了。"

明丽的阳光、和煦的清风、清新的空气，这看起来是多么美好，可是如果面对的是一张张冷冰冰的脸，我们的心情还是不会轻松。

为什么不微笑呢？再也没有什么能比微笑更能改变人、感染人的了。微笑，仿佛是一块具有无穷魔力的磁石，能把人们心中的不快统统吸走，最后留下来的，是平和、安静、抚慰和温暖。

请记住，微笑能让人们更快乐。

（2）微笑不止代表一种语言：尊重、友善、鼓励、包容……

微笑是尊重。对长辈、对家人、对朋友，概不例外；

微笑是自信。面带微笑的人，对自己的能力有充分的信心，与人交往不卑不亢，容易被别人信任和接受；

微笑是友善。常常微笑的人心底坦荡，善良友好，待人真心实意，而非虚情假意，使他人自然放松；

微笑是鼓励。困境中的一个微笑，最能传达安心和温暖；

微笑是谅解。一个微笑便能谅解他人无意的过错，却让对方感觉到宽容和理解；

......

可以说，微笑是一种内涵最丰富的语言，它比世界上任何一种语言都有力量。

《读者》曾转载了一篇名为《看不见的爱》的文章：

夏季的一个傍晚，天色很好，玛丽出去散步。在一片空地上，玛丽看见一个10岁左右的小男孩儿和一位妇女。那孩子正用一只做得很粗糙的弹弓打一只立在地上、离他有七八米远的玻璃瓶。

小男孩儿有时能把弹丸打偏一米，而且忽高忽低。玛丽便站在他身后不远处，看他打瓶子，因为她还没有见过打弹弓打得这么差的孩子。那位妇女坐在草地上，从一堆石子上捡起一颗，轻轻递到孩子手中，安详地微笑着。孩子便把石子放在皮套里，打出去，然后再接过一颗……从那妇女的眼神可以看出，她是那孩子的母亲。

那孩子很认真，屏住气，瞄很久，才打出一弹。但她站在旁边都可以看出他这一弹一定打不中。可是他还在不停地打。

玛丽走上前去，对那母亲说："让我教他怎样打好吗？"

男孩儿停住了，但还是看着瓶子的方向。

他母亲对玛丽笑了一笑。"谢谢，不用！"她顿了一下，望着那孩子，轻轻地说："他看不见。"

玛丽怔住了。

半晌，玛丽喃喃地说："噢……对不起！但为什么？"

"别的孩子都这么玩儿。"

"呃……"玛丽说："可是他……怎么能打中呢？"

"我告诉他，总会打中的。"母亲平静地说，"关键是他做了没有。"

玛丽沉默了。

过了很久，男孩儿打弹弓的频率逐渐降了下来，他已经累了。

他母亲并没有说什么，还是很安详地捡着石子儿，微笑着，只是递的节奏也慢了下来。

玛丽慢慢发现，男孩儿打得很有规律，打一弹，向一边移一点，打一弹，移一点，然后再慢慢移回来。

他只知道大致方向啊！

夜风轻轻袭来，蛐蛐在草丛中清唱起来，天幕上已有了疏朗的星星。那由皮条发出的"噼啪"声和石子崩在地上的"砰砰"声仍在单调地重复着。对于男孩儿来说，黑夜和白天并没有什么区别。

又过了很久，夜色笼罩下来，玛丽已经看不清那瓶子的轮廓了。"看来今天他打不中了。"玛丽犹豫了一下，对他们说了"再见"，便转身往回走。

走出不远，身后传来一声清脆的瓶子的碎裂声。

小男孩儿虽然始终看不见母亲的微笑，但他一定能感觉到母亲在微笑中隐藏着的爱。那一种善待和鼓励，有足够的能量使黑暗变成光明，诞生不可想象的奇迹。

确实，父母的微笑让孩子感受到亲情的温暖和包容；老师的微笑让孩子感觉到师生之情和鼓励；朋友的微笑让孩子感觉到友谊和真诚……微笑比世界上任何一种语言都要丰富，因为它体现出来的是最美好的情感。

（3）亲近他人的重要媒介

微笑待人是与人沟通的第一环，也是重要的一环。这种看似极简单的身体语言，最能帮助孩子亲近他人。微笑能给对方留下最深刻和最生动的印象，当他感受到你的真诚和热情时，自然会乐于开放自己。

有一个流传甚广的故事：

以前有一家公司，让员工去一位科长那里拿一份重要的材料，那位科长性格很怪异，非常暴躁，公司派去的人都被骂了回来。

老板把这个任务交给了小李，小李很发愁。但这份材料不拿还不行，所以他还是硬着头皮去了。

到那位科长那里的时候，小李看见那位科长还在破口大骂。但这时小李什么也没有说，只是微笑、微笑还是微笑，嘴里说着："噢？这样呀？是吗？"他只是点着头微笑着。

小李听那位科长继续骂了一阵子，说："科长，你很善于表达内心的愤怒呀！"

科长看了看小李说："嗯！这小伙子不错！我也不为难你了，你就拿回去吧！"

就这样，别人没有拿到的材料，小李却拿到了。

人与人之间的交流方式是多种多样的，并不一定非要用语言。渗透着自己的情感，表里如一，毫无包装或娇饰的微笑常常更有威力。

因此，父母要教育孩子能给予父母微笑、给予老师微笑、给予同学微笑、给予初次见面的人微笑、给予陌生人微笑。他一定会发现，微笑几乎能得到所有人的认同，与人沟通一下子变得非常容易和自然。

（4）微笑着承受，苦难也会减半

人们常常以为，微笑总是与欢乐、愉快相随，怎么会与"承受"这样沉重的词语相联系？可是想一想，当一个人觉得苦闷、不安、紧张，或者是遭遇困难、不平、挫折，甚至是更大的不幸时，如果能尝试微笑，坦然地微笑着承受一切，也许就会发现，他要面对的并不是多么可怕的事情。

一篇名为《存款》的文章讲述了这样一个故事：

小时候，逸蓝的家里兄弟姐妹特别多，全家6口人仅靠父亲那点微薄的工资度日。那个时候，每当父亲把工资拿回家后，母亲总要把它们全部放在桌上，然后分成好几摞。

"这是付给房东的。"母亲嘴里念叨着，把大的钞票摞成一堆。

"这是买生活用品的。"又是一摞钞票。

"还有给孩子们的学费。"母亲又取出了一摞钱。

大家眼看着那钱变得越来越少。最后父亲总是说："就这些了吧？"母亲点点头，大家才可以靠在椅子背上松口气。母亲会抬起头笑一笑，轻轻地说："好，就不用上银行取钱了。"

母亲在银行里有存款，实在是件了不起的事。全家人都引以为荣。它给人一种暖暖的、安全的感觉。因为在周围的邻居中，还没有一家在城里的银行有存款的。

每当看见别人家因为交不起房租被扫地出门的情景，逸蓝总会感到非常害怕。这一切会不会，可不可能也落到自家头上？

这时候，母亲便会走过来抓住她的手，轻轻地对她说："我们银行里有存款。"马上逸蓝觉得又能喘气了。

后来逸蓝考上了大学，她把上学的各类花销——学费多少，书费多少，列了一张清单。母亲对着那些写得清清楚楚的数字看了好一会儿，然后闭紧了嘴唇，轻声说："最好不要动用银行里的钱。"全家一致同意了。

于是全家 6 口人都出去找工作，干活，替逸蓝攒够了学费。在逸蓝出发前的一天晚上，母亲自豪地环顾着大家，说："太好了，怎么样？我们又顶住了，没上银行去取钱。"

后来，孩子们一个个都工作了，又一个个结了婚，离开了家。父亲变老了，母亲的黑发中也夹杂着根根白发。

逸蓝把父母接到了家中，也在那个时候，逸蓝的第一篇小说被一家杂志接受了。

收到汇款单的时候，逸蓝郑重其事地把汇款放到母亲的膝盖上，兴奋地说："这是给您的，放在您的存折里。"

母亲把汇款在手里捏了一会儿，说："好。"眼睛里透着骄傲的神色。

"妈，我们明天一块儿去银行好吗？"

"不，逸蓝，我不去了。"母亲慈祥地看着逸蓝。

"为什么？"逸蓝不解地问。

母亲神秘地笑了笑，说道："因为我在银行里根本没有存款。"

"什么？"逸蓝惊讶地合不拢嘴。

母亲亲昵地拍拍逸蓝的手，说："我根本没进过银行，哪会有什么存折？"

逸蓝终于明白了，这许多年来支持着她们全家人的银行存款根本是子虚乌有的，可母亲嘴角的微笑却成了逸蓝一生最大的安慰。

苦难中的微笑是珍贵的，它能帮助人们淡化伤痛，看到光明，减轻沉重。其实，生活中还有很多需要我们承受的东西，如果总是能保持微笑，也许就会让浓重化作清淡，让辛辣成为甘醇，使复杂变得简单。

二、21 天训练方案

1. 训练要点

（1）让孩子发自内心地笑

微笑普通而又极其珍贵。有时候，它普通得让我们忽视和不知道珍惜；有时候，它又是那样难得一见。

真正的微笑一定是发自内心的声音。"假笑"、"皮笑肉不笑"等虚伪的、机械的笑容，只会遭到人们的反感。

如果一个人是在发自内心地笑，他会知道，他是在用整个脸在笑，因为真正的微笑并不单属于嘴唇，它同时意味着眼睛的闪烁，鼻子的皱纹和面颊的收缩。

他还会知道，他是在用整个身体在笑。因为此时他卸下了对外界的不信任和防备，全身的肌肉都是放松的，不会有一点紧张。

他更会知道，他是在用整个心灵在笑。因为他的内心充满了对他人的尊重、友善、鼓励和包容，而这一切都是美好的化身。

（2）教育孩子常和他人分享快乐

快乐的人常常微笑。微笑会蔓延，快乐也一样。

当一个人笑的时候，别人会觉得他很快乐，很快地也会跟着他笑。可是，假如一个人总是哭丧着脸，或者到处传播不好的消息，把消极的情绪传递给别人，别人也很难快乐起来，不快乐又怎么能保持微笑呢？

有效的方式是让孩子经常和他人分享快乐。越是这样做，他越会发现，人们的脸上总是带着微笑。告诉孩子尽量只传播好的消息，讨论乐观的事情，做让人高兴的事，做不泄气的事，永远保持光明的那一面。

（3）引导孩子善于发现快乐

"快乐的微笑是保持生命健康的唯一药石，它的价值是千百万，但却不要花费一分钱。"我们要引导孩子学会发现快乐。

快乐其实是无处不在的。不论做什么事情，对待什么人，如果一个人总是从不好的方面去观察、去考虑事情的发展，那他一定很难感受到快乐，因为他把原本存在的希望活生生给抹杀掉了。反过来则不是，如果善于发现快乐，永远保持乐观的心，微笑一定会常常挂在脸上。古语有言：塞翁失马，焉知非福。凡事往好的方面想就会发现快乐。

举一个简单的例子，孩子数学考了 99 分，如果他因为没有得到满分而懊恼，他一定不会快乐，也笑不出来；可是，如果您能告诉他，这次考了 99 分，离满分只有一步之遥了，只要再努力，下次一定能拿满分，微笑自然就会浮现在孩子脸上了。

2. 方法和步骤

（1）引导孩子控制自己的情绪

我们有时候会看到这样的情景：有的孩子一高兴起来就手舞足蹈，完全不顾别人的感受；有的孩子一遇到困难就哭丧着脸，甚至哭哭啼啼的，让周围的人也跟着难受。可能您的孩子也会有类似的情况，遇到什么事情不能控制自己，随意发泄情绪。

其实这很不好。如果孩子不能控制自己的情绪，就很容易被生活中发生的各种事情所左右。而这也就意味着他们可能会在无意中将自己的情绪强行传染给别人。如果大家都是这样的话，情绪传染的波及面就会更大。

怎样引导孩子控制自己的情绪呢？

一是让孩子注意保持平和的心态，古语说"不以物喜，不以己悲"，也有这方面的意思。告诉孩子遇到事情要注意自我调控，当一件事情进展得十分顺利时，不要得意忘形；当一件事情毫无进展可言时，也不能自暴自弃。

二是教育孩子不强行传播自己的情绪。有些孩子心情不好的时候，常常会抓个人来哭诉半天，不管那个人是否乐意，实际上已经成了他们的"情绪垃圾桶"。如果经常这样，孩子很容易变成不受欢迎的人。

三是让孩子转移注意力。当孩子情绪不好的时候，可以让他们用跑步、散步、听音乐等方式转移注意力，使情绪逐渐好起来。

（2）鼓励孩子对自己微笑

我们教育孩子要微笑待人，首先要让他学会对自己微笑。具体可以怎么做呢？这里提供几种简单的小方法：

一是对镜练习法。可以找一面小镜子，让他对着镜子微笑一下，观察一下自己的表情，看看脸部都有哪些肌肉在运动。微笑的时候，嘴唇应该是向上翘的，双颊的肌肉会稍稍上抬，会露出几颗牙齿。

二是利用环境法。轻松自然的环境会促使人微笑，让孩子听一些能让他放松的音乐，看一本他喜欢的书，或者到大自然中去，都是不错的选择。

三是情绪过滤法。要保持微笑，就一定要过滤掉那些不好的情绪，否则，让坏情绪占据了上风，怎么笑得出来？所以凡事应该看到不好的一面，更要看到好的一面。情绪过滤实际上是一种心理调节，是一种积极的心理暗示。

四是机械练习法。如果前面几种方法都没有效果的话，也可以考虑这种方法，很多从事服务行业的人员就是运用这种方法练出职业性的微笑的。可以让孩子发"E"的音，上翘嘴唇，用双手轻轻往上抬双颊的肌肉，露出6颗牙齿，反复练习。

（3）告诉孩子对他人微笑

当孩子学会了对自己微笑，并经常地保持，对他人微笑也就不是难事了。对他人微笑有几点是需要注意的：

一要注意眼睛。要看着对方，用真诚的眼神打动对方，而不是机械的微笑。如果对方不能从孩子的眼神中看到热情和诚意，也就失去了微笑的意义。

二要注意语言的运用。有时候，微笑着说出来"您好"、"早上好"、"没关系"、"对不起"、"谢谢"等等简单的语言，会比单纯的微笑更能感染人。

三是注意身体的姿态。对他人微笑时，应该是全身放松的，但要避免那种目中无人、我行我素的姿势。

四是注意不要因人而异。有的孩子对自己的家人、老师和同学总能保持微笑，但是对那些陌生人或者需要帮助的人却总是冷眼相待，这是要避免的。

3．训练和评估表格

表格使用方法："选择目标"、"自我检测"部分由孩子自己填写，"父母评测"由父母填写，"班主任评估"由班主任填写。

习惯九：微笑待人

选择目标	目标测试	□真诚地笑　□全身心地笑 □用微笑表达尊重、友善、谅解、自信等 □将微笑传递给他人　□在困境中微笑
	最终目标	

自我检测		已完成目标	未完成内容	下一步安排	个人心得
	7日检测				
	7日检测				
	7日检测				
父母评测	完成情况	□完成　　□大部分完成　　□少部分完成　　□完全未做			
	与孩子沟通情况	□沟通良好　　□有沟通，但时间很短　　□根本未沟通 沟通内容/未沟通原因：＿＿＿＿＿＿＿＿＿			
	建议				
班主任评估	完成情况	□完成　　□大部分完成　　□少部分完成　　□完全未做			
	与学生沟通情况	□沟通良好　　□有沟通，但时间很短　　□根本未沟通 沟通内容/未沟通原因：＿＿＿＿＿＿＿＿＿			
	与家长沟通情况	□沟通良好　　□有沟通，但时间很短　　□根本未沟通 沟通内容/未沟通原因：＿＿＿＿＿＿＿＿＿			
	评语				

三、主题延伸阅读

小城

（一）

在这个小城里，每个人都是忙忙碌碌的。每天忙碌地起床、吃早饭、去上班，然后是忙碌地工作、吃午餐，接下来是更加忙碌地工作、下班，回到家里以后，是忙碌地吃晚饭，然后是忙碌地上床休息，甚至连做梦也是忙忙碌碌的。

每个人都觉得自己的生活没有意思。妻子觉得丈夫就是一个挣钱的机器，没有一点感情；丈夫觉得妻子只会做一些难吃的饭菜和不断地抱怨；孩子觉得父母是天底下最不可理喻的父母，因为他们从来不关心他们；而父母也总是觉得自己的孩子是天底下最让人头疼的孩子，每天都在自己身边不停地啰嗦，根本就不理解大人的辛苦。

于是这里整天都有人在埋怨，但是也从来没有人理会这些埋怨。这里的空气一天比一天压抑，每天都有很多人在街头孤独徘徊，他们时不时地抬起头望着灰蒙蒙的天空，这时你会发现他们的眼睛也是灰蒙蒙的没有一丝神采。

（二）

一天，小城里来了几个身穿西装的家伙，他们在小城里开了一家商店，说是可以卖给城里人快乐。

小城里的人对这家装修华丽的商店一开始十分怀疑，他们每天聚在商店外面，透过高大的玻璃窗好奇地向里面张望。只见一排排镀着黄金的架子上，整齐地摆放着一列列红色的药剂，据说那就是可以让人获得快乐的药水。

商店里十分冷清，没有人进去买过东西，不是不想买，而是没有购买的勇气，有谁愿意在别人面前承认自己的生活不快乐呢？

但是总会有第一个吃螃蟹的人。这一天，天气比往常还要阴冷，太阳躲在厚厚的云层里不肯露头。一个裹着厚厚大衣的人，在商店外徘徊了很久也没有下定决心进去。在商店的不远处，聚集着一些人，他们都默默地注视着那个在商店外徘徊的人。

终于，那个人走进了商店，街道上变得异常的安静，每个人都紧张地盯着商店的大门。这时大门猛地被撞开了，那个人欢天喜地地跑了出来，大声呼喊道："我觉得我太快乐了，天啊，这真是奇迹。"

人群中发出一阵欢呼，大家如洪水一般涌进了商店，每个人都疯狂地抢着架子上那一瓶瓶红色的药水，然后迫不及待地把它喝进嘴里，突然，他们觉得神清气爽，一股莫名其妙的感觉从心底里升了上来，他们情不自禁地大喊起来，并觉得压抑在自己内心深处的乌云已经完全散开了。

很快，这种药剂就成为全城最畅销的物品，每天都有很多人前来购买，因为人们觉得，这样获得快乐是最容易的了。但是城里还有一些人没有服用过药剂，他们是老人和孩子，人们常常劝他们也喝一些快乐药剂，但是老人总是摇着头说："我活了这么久，还从来没有听说过可以让人获得快乐的药剂呢？"而孩子们也会说："爸爸，我不吃药，如果你真的想让我快乐的话，那就陪我一天吧。"

人们觉得这些孩子和老人都有些不可理喻，他们不明白，有如此轻易就获得快乐的办法，他们却为什么不去用呢？但是他们已经完全离不开这种药剂了，每天早上醒来的时候，他们都会觉得异常郁闷，然后会粗声粗气地喊着他们的伴侣："喂，老婆，我的药呢？"这时他的妻子会把药水拿给他，等他迫不及待地喝下药水以后，笑容就在他的脸上慢慢绽放了。

日子一天一天过去了，人们还是和往常一样生活和工作，每个人脸上的笑容都渐渐地变得有些僵硬了，但是每天早上人们还是会迫不及待地去喝那种能给他们带来快乐的药水。

（三）

有一天，小城里突然来了一位少年，他带着一只白色的小狗在小城的一个角落里住了下来。每天他都会带着他的小狗去公园散步，然后在公园的长椅上坐上半天，享受温暖的阳光。

说来也奇怪，渐渐地总有一些人围在他的身边，那些老人和孩子，特别喜欢和他在一起，他们谈着、说着、脸上渐渐地露出了笑容。

于是孩子和老人们每天有了新的去处，他们都喜欢来到公园和那个孩子聊一聊自己的事情。

"我爸爸昨天晚上又喝醉了，他一喝酒就喜欢唱歌，结果周围的邻居全都受不了了。"一个孩子笑着讲道。那个少年面带微笑地注视着那个说话的孩子，仔细地听着。

"我的小猫卡特昨天晚上去世了，它陪伴了我十几年……"一个老人伤心地说。那个少年的脸上流露出悲伤的神情，他仔细地听着老人给他讲起那只已经去世的小猫生活中的趣事。

那些中年人开始觉得有些奇怪了，这些老人和孩子从来没有服用过快乐药剂，为什么现在也变得这么快乐了呢？

（四）

有一天，一个三十来岁的中年人来到了花园，天空阴沉沉的，还刮着刺骨的寒风。老人们因为身体的原因都只能呆在家里，而孩子们因为上学也不能出现在花园。只有那个少年，孤零零地坐在公园的长椅上，那只小狗蜷缩在他的脚边。

这天，这个中年人发现自己已经没有钱去买那种能给他带来快乐的药水了。喝不到药水的他突然觉得生命就如同被挖空了一样，他觉得无所适从。他没有心情去上班，因为他觉得自己现在根本就没有办法承受工作的压力，但是不工作就没有钱去买药水，那么他的生活就永远不会快乐。他觉得自己已经陷入了一个没有办法逃脱的困境，于是他想：去公园看看吧，如果那里没有解决的办法，我就只有结束自己的生命了。

他没有想到公园会这样冷清，甚至连一只小鸟也没有。阴冷灰暗的天气，让他更加绝望。这时他看见了那个少年，少年脸上洋溢着的幸福笑容，就仿佛是冬季里一缕温暖的阳光，他仿佛听见了自己内心深处的冰层"咔"的一声断裂了。

他急忙走到少年的身旁，就如同发现了治疗疾病的灵丹妙药一样。

"先生，你遇到什么很难过的事情了吗？"少年有礼貌地问。

"是的，我觉得今天我十分难过。"中年人说。

"我能为您做些什么呢？"少年说。

"你可能什么也帮不了我。"中年人沮丧地说。

"也许吧。"少年微微地冲中年人笑了一下。这笑容就仿佛是一股春风吹过满是积雪的大山，冰雪仿佛瞬间就被融化了。

"我的工作很不好。"中年人说，少年认真地听着，"收入不高，而且十分辛苦，我的妻子很不理解我，整天抱怨这、抱怨那，我的孩子也和我疏远了，他们甚至不想和我说话。我觉得我的生活很不快乐，我想我的妈妈，可是我已经很久没有去看她了……"

中年人如同决堤的洪水，一口气说了很多很多，少年一直仔细地听着，脸上带着理解的微笑，丝毫没有流露出不耐烦的表情。

终于那个中年人长长地舒了一口气，说："我说完了，这就是我的生活，现在，我连买快乐药水的钱都没有了，你说我活着还有什么意思？"

"现在你觉得你的心情怎么样？"少年问。

中年人沉默了一会儿后，惊喜地说："我觉得我好多了，真的，我觉得我轻松多了。谢谢你。"

"没什么，我其实什么也没做。"少年谦虚地说。

"啊，真是神奇，就好像是吃了快乐药剂一样，哈哈，看来以后我可以不用再花钱买那些药水了。"中年人兴奋地说。

"我想是的。"

"以后我可以经常找你来聊聊吗？"中年人说。

"我感到十分荣幸。"少年微笑着说。

中年人高兴地说："太好了！"然后愉快地跑出公园上班去了。

（五）

从那以后，公园里聚集的人越来越多，除了老人和孩子，中年人也逐渐加入了这个队伍。

人们脸上凝重的表情不见了，一阵阵爽朗的笑声在公园的上空飘荡着。同时，已经没有人再去那家装修华丽的商店购买快乐药剂了，一排排货架上面都蒙了一层薄薄的灰尘。

几个负责人面色凝重地站在商店的大厅里，他们嘴里叼着很大的烟斗，一句话也不说。

突然一个身材最胖的人喊道："再也不能这样下去了，这里的人怎么能不吃我们的药水也会有欢笑呢？我们不能让这种事情再发生了。"

"是！"几个人同时喊道。

第二天，少年破天荒地头一次没有出现在公园里。小城里的人找遍了城镇里的每一个角落也没有找到那个少年的身影。

"他是不是已经离开了。"一个三十多岁的夫人沮丧地说。

"不，不会，昨天他还说要听我讲一讲战争的事情呢。"一个男子说道。

"他是不是出了什么事情？"又一个人担心地说。

"天啊，要是没有他，咱们这日子该怎么过啊！"另一个人大声地哭了起来。

"咱们还是赶紧去找一找吧。"

于是人们开始疯狂地寻找起来。

（六）

少年醒来的时候，发现自己独自躺在一间房子里。很快，他听见空荡的走廊里传来了急促的脚步声，接着大门咣当一声打开了。

"这里怎么这么暗，赶紧把灯打开。"是一个威严的声音。

灯打开了，一群身穿西装的人看见少年正躺在屋子的一个角落里，他的那只狗忠实地守护在他的身边。

"你知道我是谁吗？"刚才的那个人问道。

少年点了点头说："我能猜到你是谁。"

"那好，咱们就不用拐弯抹角了，是谁派你来破坏我们生意的？"那个人严厉地问。

少年笑了笑，没有说话。

"难道你不害怕吗？"那个人被少年的表情给激怒了，他的手下纷纷掏出武器。而少年身前的那只小狗，则汪汪汪地叫着。

"我为什么要害怕呢？"少年平静地说，"因为我根本就看不见，我看不见出现在我身边的危险，所以我不害怕。"

那个人愣住了，他没有想到眼前这个抢走了他们生意的人，竟然是一个双目失明的孩子。难道他是上天派来带给这里快乐的人吗？

"你知道吗，自从你出现以后，我的生意就不好做了。"那个人的语气平和了很多，并且流露出淡淡的忧伤。

"你知道这是为什么吗？"少年说，"因为你本来就不应该生产这些东西。"

"为什么？"那个人的语气又高亢起来，"我给这里带来了快乐，有什么错误吗？如果没有我的药水，要有多少家庭破裂，你知道吗？我做错了什么？相反，你什么也没有做却抢走了我的生意。"

"谁说我什么也没有做，我做了。"少年说。

"你做了什么？"那个人问道。

"我每天都在微笑啊。"少年说。

"微笑？"那个人重复了一遍少年的话，他有些不敢相信自己的耳朵，难道他只是坐在那里听别人说话，就把自己的生意给抢走了吗，他不相信自己的科技竟然比不过一个双目失明的孩子，"你胡说，只是随便露一露笑脸能有什么用？"

"你知道他们为什么感觉到不快乐吗？"少年问道。

那个人没有说话。

"因为他们觉得自己不被重视。"少年接着说，"没有人把他们的话当回事，人与人的交流越来越简单。当一个人觉得自己的话让别人感觉到厌烦的时候，他会觉得快乐吗？所以他们不需要什么药水，只需要有一个能微笑着听他们说话的人。"

少年说完了，那个人半天没有说话。这时他的手下慌慌张张地跑了进来说："不好了，咱们公司被城里市民给团团围住了，他们让咱们交出这个孩子。"

那个人沉默了一会儿，突然走上前，扶起坐在角落里的少年说："你说得对，我想我知道该怎么做了，我要送你回去。我现在知道了，人的快乐是不能依靠药物的，而是需要通过相互的关心，才能建立起来。"

少年笑了笑说："你说得很对，我其实也要离开这个小城了，因为我还有很多地方要去。"

（七）

从那以后，小城里那个豪华的商店不见了，取而代之的是一个温馨的咖啡馆，每当有人感觉忧伤或烦闷的时候，店主都会好心地把人请进去，送上一杯咖啡并微笑着说："你有什么烦恼可以对我说说吗？"

渐渐地，这里的人们发现，快乐其实并不难得到，只要你微笑着去对待身边的每一个人，快乐就会不知不觉地来到人们周围。

那个少年从那以后再没出现过，但是这里的每一个人都不会忘记他，人们纷纷猜测这个少年的身份，最后有一个人说："他一定是一个天使，是上帝让他把快乐带给我们的。"

习惯十：

说了就一定要努力去做

一、导入部分

1. 理念

如果一个人答应别人去做某件事情，却一直没有动静，对方会觉得恼火吗？如果一个人总是言而无信，有谁还愿意继续和他交往呢？

别人可能会容忍他一次两次，但若是每次都如此，恐怕没有人会继续容忍他。因为在他的身上，几乎毫无诚信可言。只知道说却不努力去做的人，总不会受欢迎。

无论是大事还是小事，只要说了，就一定要努力去做。这关系到一个人的诚信。一个人要形成好的人格，受到众人的爱戴和欢迎，再也没有比诚信更重要的了。

您的孩子是一个言而有信的人吗？他能做到说了就努力去做吗？可以问一问孩子：

在答应别人的要求之前，会认真想想自己有没有能力去做吗？

如果自己没有条件，就不会答应超出能力范围的要求吗？

即使是一件很小的事情，只要答应了别人，就会认真去做吗？

一定会按时归还所借的东西吗？

说出的承诺即使很难完成，也不会轻易放弃吗？

做了却没有完成，也不会找借口吗？

......

类似的问题还有很多。父母要教育孩子，无论什么事情，说了就应该努力去做，否则就等于是告诉别人他是一个没有信用的人，是个"语言的巨人，行动的矮子"。

言而有信，是一个人的立身之本。

2. 描述

(1) 从实际出发，量力而行

一个人所说的话，所许下的承诺，应该根据他自己的实际情况，量力而行。如果明知道自己做不到，还随意承诺，事后根本就没想到要去遵守自己的诺言，必然会让被承诺的那一方感到失望，次数多了，也就会被大家渐渐疏远。

"小学生的 10 个好习惯"中，有一个例子是这样的：

小华在学校很多方面的表现都很不错，美中不足的是在同学中的人缘不太好。有时候，老师在课堂上要求大家自由组合完成某些课堂练习的时候，没有人愿意和他合作。为什么会这样呢？

原来小华有一个很不好的习惯：说话不算数。比如他有一套新的漫画书，在学校他就会兴奋地告诉大家并讲述这套书是如何如何好。有的同学就问是否可以借来看一看，小华很爽快地就答应了。但回家以后，他越想越觉得舍不得，怕同学们把书看旧了，就不想外借了。同学们一问他漫画书的事，他就找理由不借。慢慢大家也就不找他借了。类似的事情还有很多，他都是开始答应得很好，过后又后悔。大家知道他有这个习惯后，就对他有些疏远了。

其实，很多孩子跟小华有同样的问题，遇到什么事情，他们总是信誓旦旦地一口答应对方，丝毫没有考虑自己能不能做到。要知道，人一旦习惯了信口开河，不仅会随意承诺，还会轻易忘记自己的承诺。他们只会一次一次夸下海口，又一次一次让别人失望。这样的人，是最令人深恶痛绝的！因为他们只会说大话，却从不知道行动。

（2）不忘诺言，努力去做

如果人们常常忘记自己的诺言，别人也就不会把他所说的话放在心上。信守诺言是每一个人应该具备的基本素质之一。

《新家教》中有这样一个故事：

18世纪的英国政治家福克斯以其言而有信著称。他的父亲曾给他上过生动的一课，在他心灵上留下了不可磨灭的印象和影响。

那个年代，比较富有的英国绅士的住宅大都坐落在漂亮的花园内。福克斯家的花园里有一座旧亭子，他的父亲打算把它拆除掉，并想在较为开阔处另建一座。就在这个当口，小福克斯从住宿学校回家度假，正巧赶上父亲雇来的工人在拆迁亭子。还是孩子的小福克斯很想亲眼看一看亭子是怎样被拆除的，所以他打算推迟几天再返校，而父亲要求他准时返校上课。最后，在母亲的协调下，父亲答应将亭子的拆除推迟到来年的假期。于是，小福克斯就离家返校了。

父亲想，儿子回到学校里整天忙于学习，时间长了也就把看亭子怎么样拆除的事给忘了。于是，儿子走后，父亲就让人把亭子拆了，在另一处盖了一座新的。谁想到小福克斯一直把父亲答应的事记在心上。假期又到了，小福克斯一回到家，就朝旧亭子跑去，一看，旧亭子早就拆除了。早餐时，他闷闷不乐地对父亲说："你说话不算数！"年迈的绅士听后大为震惊，想了一下，严肃地说："孩子，你说得对。我错了，我这就改正错误。言而有信比财富更重要。纵有万贯家产也不能抵消食言给人心灵带来的污点。"说罢，父亲随即让人在原地盖起一座亭子，再当着孩子的面将其拆除。

福克斯的父亲通过自己的言行，教育了孩子做人一定要遵守诺言。这种言传身教的方法是行之有效的教育方法。

既然许下了诺言，就要努力去做到。不遵守诺言，会失去别人的信任，失去朋友，也可能失去成功的人生。因此，父母要教育孩子，如果答应了别人什么事情，一定要记得努力去做，不能言而无信。

（3）说话算话，及时改过

那些具有超凡人格魅力的人，几乎都是能做到"言必信"。一个人树立了言而有信的意识，就能经常反思自己的行为，并通过自己的言行举止感染人。

史家小学万平老师经历了这样一件事：

万平老师上课时，用做菜加作料的例子给学生讲道理，讲在兴头上，顺手在黑板上写出了板书"佐料"，同学们不由得互相对了对眼神，老师把"作料"错写成了"佐料"，自己还没有发现，于是一位同学就写了一张小条，夹在作业本里，交了上去。

第二天，一上课，万平老师就对同学们说："昨天我把'作料'写成了'佐料'，咱们班的同学给我写了一张纸条，纠正了我的错误，我要和同学们一样，把错字改过来抄三遍。"

谁知万平老师因为工作忙，并没有把"作料"抄三遍，这个同学干脆又交了一张条，指出老师说到没做到。

上第三节了，同学们一起回班，一进门就看见讲桌上有一张纸条，上面写着"作料、作料、作料"，而且是用学生体写的，没有连笔。

上课了，万平老师对同学们说："昨天，我答应大家要把'作料'这个词抄写三遍，可是我忘记抄了，今天，我把它补上了，因为我不能失信，我得说到做到。"说完，给大家鞠了一个躬，然后，把这张纸条举给同学们看，最后把它郑重地贴在了黑板的左上角。

顿时，孩子们激动了，提意见的孩子说："老师，您真伟大，您不愧是我们的好老师！"

老师虽然是写了三遍"作料"，但实际上却是在教孩子们怎样做人。相反，如果这位老师在第一次遗忘之后继续遗忘，学生就会觉得老师说了没有做到，老师不讲信用。这样的看法一旦形成，必然对老师的形象造成损害，影响他在学生心中的威信。

其实人与人之间的相处也是一样的道理。

（4）**诚心诚意待人接物**

说了就努力去做，也包含了对人的真诚和对事情的认真态度。我们常常听别人说某某很虚伪，就是说这个人不诚心诚意对待人，说一套做一套。因此，父母要教育孩子做人付出真诚，说了就一定努力去做，也会得到真诚的。即使对方没有遵守约定，也问心无愧。

《好父母》中有这样的故事：

一个星期天，父亲宋耀如准备带着全家去朋友家做客。孩子们大都穿好礼服要出发了，只有宋庆龄仍然在钢琴前弹奏着。母亲喊道："孩子们快走吧，伯伯在等我们呢！"

听到妈妈的喊声，宋庆龄立即合上琴盖，跑出房间，拉着妈妈的手就走，刚迈出大门，突然又停住了脚步。

"怎么了？"父亲看到庆龄停住了脚步，不解地问。

"今天我不能去伯伯家了！"庆龄有些着急地说。

"为什么呢？"

"妈妈，爸爸，我昨天答应了小珍，今天她来我们家，我教她叠花。"庆龄说。

"我以为有什么非常重要的事情呢！这好办，以后再教她吧！"父亲说完，拉着庆龄的手就走。

"不行！不行！小珍来了会扑空的，那多不好啊！"庆龄边说边把手从父亲手里抽回来。

"那也不要紧，回来后你就到小珍家去解释一下，并表示歉意，明天再教她叠花不也可以吗？再说，如果小珍早就忘了这件事了，你不是要在家空等吗？"妈妈说。

"不，妈妈，您不是常说做人要讲诚信吗？我答应了别人的事，

193

习惯十：说了就一定要努力去做

怎么可以随便改变呢？就算小珍不来，我也要在家里等，因为这是我必须要做的。"

"我明白了，我们的小庆龄是个守信用的孩子，不能自食其言嘛！"妈妈望着庆龄笑了笑，接着说："好吧，那你就留下吧！"

父母放心不下家中的庆龄，在客人家吃过午餐就提前回来了，一进门，父亲就问庆龄："你的小朋友小珍呢？"

庆龄回答说："小珍没有来，可能是她临时有事吧！"

"没有来，那我的小庆龄一个人在家该多寂寞啊！"母亲心疼地对女儿说。

"不，小珍没有来，但我依然很快活，因为我做到了诚信待人。"小庆龄说。

诚信待人一定会给人带来快乐，它所代表的真诚是非常宝贵的。如果大家都能以真诚的态度，诚信对待每一个人，每一件事情，这个世界就不可能不美好。

二、21 天训练方案

1. 训练要点

（1）承诺前要三思

让孩子管住自己的嘴巴非常重要。

有些人常常拍着自己的胸脯给人承诺，夸下海口，说自己如何如何厉害。可等到诺言要兑现的时候，却全没有了当时的威风，不是一再找理由，就是假装不记得了。其实，他们可能根本没有能力去实现它，当初只是随便说说而已。但就是这随便说说，却常常使得别人对其寄予很高的期望，到最后又落得一场空。

承诺不是拍脑门，而应是冷静思考的结果。父母要提醒孩子：

人无完人，每个人都有自己能力所不及的地方，在做出承诺之前，一定要三思，好好想一想，自己是否有足够的能力和充分的条件完成此事、是否与已有的安排和计划冲突、是否与自己的意愿不符合等。如果确定自己实现不了，就不要说出答应的话。即使对方一定要自己答应，也应该向对方客观地说明真实情况，告诉对方自己没有办法做到。只要对方通情达理，一定不会为难你。

总之，父母要告诉孩子无论是对自己还是对别人，做不到的事情最好不要说出来，既然说了出来，无论如何都要信守，这不仅是对别人的尊重，也是对自己的尊重。

（2）守时

守时是一个重要的习惯，不论是与他人的约定，还是各种纪律规定的时间，都应该遵守。如果孩子不能做到这一点，很可能失去同学和朋友之间的信任。

守时，既代表不能迟到，也不能提前太多。提前到达，如果对方并未予以回应，只会浪费自己的时间。如果对方还未准备好，而你却早到了，不免给对方造成不必要的困扰。早到与迟到一样，其实都是不太礼貌的。最好是准时到达。

（3）**真诚**

真诚就是要对每个人说的每一句话、做的每一件事都是发自内心的，是真实的。很多人之所以说了却做不到，言而无信，真正的原因就在于他们不真诚。

用真心做出承诺，然后认认真真地努力去做，那么，说到做到、说话算话、诚信等就不只是一组词语，而是变成实实在在的行动了。

2. 方法和步骤

（1）**让孩子有心理准备**

我们首先要让孩子有为做到诚信而付出的心理准备。

坚守诚信需要付出很多东西，比如勇气、时间、精力和金钱等。有很多时候，孩子在最初答应别人的事情时，并没有充分考虑到为了做到这一点会有所付出。可是一旦问题来了，有些孩子就会为那些不得不付出的时间、精力或金钱而进行思想斗争，如果舍不得这些，诚信就会在内心动摇。

举一个简单的例子，孩子如果答应周末给生病的同学补习功课，他就必须牺牲自己两个小时的休息时间，可能还要在烈日的大街上骑上半个小时的自行车……如果不守诚信，他完全可以找个理由脱身，或坐在家里松软的沙发上看动画片，或者想做什么就做什么。

如果一个人把自己的舒服和安逸放在第一位，也许当时能获得一时的快乐，但同时，他也失去了一样最宝贵的东西：诚信。

（2）让孩子学会从小事做起

有些孩子对答应过别人的重要事情常常能做到"说到做到"，可是对生活中的小事却不能完全做到"说话算话"。他们常常抱着这样的想法：又不是很重要的事情，就这一次吧，对方不会在意的，更不会把这放在心上。

对方真的不会在意吗？

当然会在意。父母应该让孩子反过来想想，如果他身边有这样一个人，总是把承诺当成一件很随便的事情，每次说了都不做，刚开始还会给对方打个电话道歉，后来却变本加厉起来，成了不守诺言的"老油条"，连最起码的解释都省略了……

他会愿意跟这样的人成为好朋友吗？当然不会。

无论是多么小的事情，都需要我们告诉孩子在一开始的时候就去认真对待。因为如果不这样做，不守诺言就会慢慢变成一种习惯，一旦真的有重大事情发生，孩子就会习惯地不守信用。而一个不守信用的人，对人对己、对社会都是有害的。

（3）告诉孩子履行诺言

承诺容易，履行诺言却难。我们怎样做才能预防孩子把"诺言"变成"空言"呢？这几点是需要注意的：

一是让孩子先想。

在答应别人的要求之前认真想一想，看看自己是否有能力、是否愿意满足对方的要求。如果认为自己的条件还不具备，就不要轻易答应对方。

二是让孩子记下来。

将许下的诺言及时记录在显要的位置，如写在纸上贴在床头、写在笔记本醒目的位置、写成字条放在铅笔盒内等。

三是对孩子进行监督。

当孩子做出了承诺，父母或老师要督促他履行。

四是鼓励孩子努力去做。

凡是孩子自己已经答应做的事情，就要让他努力去做。有时候孩子考虑问题不够周全，可能会遇到困难，父母要鼓励孩子不要轻易放弃，可以寻求父母和老师的帮助，把事情完成。即使孩子承诺的是一件很小的事情，也要他认真去做，不能认为是小事情就将其忽略了。

五是让孩子有计划、有安排。

告诉孩子最好做一个计划，什么时间做什么事情，一目了然。

六是告诉孩子守时。

遵守时间上的约定。如借了别人的东西要按期归还，说话算话。

七是教育孩子不找借口。

教育孩子如果已经承诺的事情确实难以完成，也不要找种种借口加以逃脱。应该向对方说明缘由，用诚挚的态度向对方表示歉意，在今后尽量避免类似的情况出现。

习惯十：说了就一定要努力去做

（4）防止孩子呆板处事

"诚信"不是"傻瓜"的代名词，也不意味着呆板处事，不懂变通。有两点要注意：

一是我们不是让孩子为了遵守诚信就一句话也不敢说了，而是要注意说话的方式方法和灵活性。面对变化了的形势要灵活变通，同时又能做到诚实以对，才是更高层次的诚信。

二是告诉孩子如果确实自己无能为力，要及早给对方说明理由并道歉，尽可能不要给对方造成更大的损失。

比如有的同学在学校答应了老师为班集体做什么事，回家后才发现自己做不了，后来就再也不提这件事了。这种处理方法是不适当的，遇到这种情况，父母要教导孩子主动跟老师说："老师，真对不起，我以为能做好这件事，可是后来一试，发现自己做不到。您看能不能赶快想个办法，别耽误了。"这一种方式就是比较灵活的，也不会造成更严重的后果了。

3. 训练和评估表格

表格使用方法："选择目标"、"自我检测"部分由孩子自己填写，"父母评测"由父母填写，"班主任评估"由班主任填写。

选择目标	目标测试	□从实际出发，不轻易许诺　□守时守约 □凡答应的事都要努力做到 □再小的事也要认真做 □若未完成，不能找借口			
	最终目标				
自我检测		已完成目标	未完成内容	下一步安排	个人心得
	7 日检测				
	7 日检测				
	7 日检测				

父母评测	完成情况	☐完成　☐大部分完成　☐少部分完成　☐完全未做
	与孩子沟通情况	☐沟通良好　☐有沟通，但时间很短　☐根本未沟通 沟通内容/未沟通原因：＿＿＿＿＿＿＿
	建议	
班主任评估	完成情况	☐完成　☐大部分完成　☐少部分完成　☐完全未做
	与学生沟通情况	☐沟通良好　☐有沟通，但时间很短　☐根本未沟通 沟通内容/未沟通原因：＿＿＿＿＿＿＿
	与家长沟通情况	☐沟通良好　☐有沟通，但时间很短　☐根本未沟通 沟通内容/未沟通原因：＿＿＿＿＿＿＿
	评语	

三、主题延伸阅读

生日

（一）

　　江小小是一个孤儿，这一点大家都知道。但早自习时，班主任穆老师还是把这件事情又说了一遍。

　　因为那天江小小病了而没来上课，所以穆老师深情地说："你们知道吗？江小小的生日就要到了。"

　　这句话着实让班上的同学吃了一惊，是呀，江小小也应该有生日啊，可是同学了这么多年，为什么从来没有听他提起过呢？班上谁的生日到了不搞个聚会什么的呀，为什么没有人注意到江小小从来没有组织过生日聚会呢？

　　江小小不是那种品学兼优的孩子，相反，因为缺少家长的督促，他身上倒是存在着不少的问题。不过他的胆子很小，所以虽然学习不好，但品德却没差到哪去。班上的同学很少和他说话，他也很少和班上的其他同学来往，所以渐渐地大家就都有些忽视他的存在了。

等大家都安静下来以后，穆老师说："我希望你们能为他庆祝一下，毕竟他是咱们这个集体中的一员。"

听了穆老师的话，大家又开始窃窃私语起来，但是一直研究到下早自习，还是没有说出一个结果。

（二）

下午放学的时候，班长陈丹丹把班干部全都留了下来。陈丹丹一直是各位老师的得意干将，她最会按照老师的意思来办事！所以穆老师交待的事情，她向来是当作圣旨一样去完成的。

"这个生日聚会怎么搞，我想听听大家的意见。"陈丹丹如董事长一般作了开场的发言后，就静静地注视着大家。

"还能怎么搞，不就是买个蛋糕，唱个生日歌，吹吹蜡烛什么的吗？"体育委员彭湃首先发言了，但他历来以思维简单而闻名，所以他的话没有什么参考价值。

"能不能有些新意啊。"果然，彭湃的发言一下子就被陈丹丹给否定了。

"要不就去麦当劳吧，上次陈果过生日不就去的那儿吗？"金姗姗无精打采地提了一句，

晚上她家里还有一个聚会，所以她想早些回去换一换衣服。

"这……太贵了吧！"陈丹丹摸了摸口袋里有限的班费，实在没什么底气。

"这有什么，我和我爸爸说说，他认识的人多，说不定很便宜的。"金姗姗总是不忘显示一下自家的财力。

"可是，班费只有这么多了。"陈丹丹从口袋里掏出两张皱巴巴的票子。

"才20块钱？"很多人惊呼起来。

"哼哼。"黄小翔冷笑了两声，他向来对陈丹丹的这种会议不感兴趣。

"黄小翔，你冷笑什么？"陈丹丹听见了，她十分生气地质问道。

"没什么，我只是觉得这样讨论没有什么意义。"黄小翔说。

"怎么没意义了，我看你根本就是没有什么好想法所以才这么说的。"陈丹丹反击道。

"我怎么没主意，我就是懒得说。"黄小翔毫不示弱。

"有本事你就给江小小弄一个像样的生日会。"陈丹丹说。

"没问题，我一定给你们弄一个从来没有过的隆重的生日宴会。"黄小翔发誓了。

"好，说话可得算数。可不能是吃吃蛋糕，吹吹蜡烛这么简单的啊。"陈丹丹扔下20元班费就走了。黄小翔看着这两张皱巴巴的票子，深怪自己当时不冷静夸下了海口。

黄小翔是个说到做到的孩子，所以在回家的路上他就开始想办法了，他觉得首先要解决的是资金问题。

（三）

第二天上学时，黄小翔用纸箱子做了一个募捐箱，开始动员每个同学献出自己的爱心。但是大家的零用钱有限，所以只要一看见黄小翔抱着箱子走过来，就飞似地逃掉了。黄小翔忙了一上午，竟然没能和一个同学说上话。尽管如此，黄小翔并没有放弃，他决定以静制动，于是他埋伏在去厕所的必经之路上，等着同学们自投罗网。

终于，彭湃憋不住了，往厕所跑去，被黄小翔一把抓住。

"黄小翔，我真的没钱了，我妈妈已经把我所有的零用钱都没收了。"彭湃一边因为想去厕所而着急地跳来跳去，一边把自己衣服上的口袋翻出来给黄小翔看。黄小翔仔细地在彭湃的身上搜查了一遍，结果只找到了五毛钱。他无奈地把钱放进了募捐箱才放彭湃进厕所。

陈果也被黄小翔抓住了，但是陈果并没有退缩，而是主动开始和黄小翔算起账来："黄小翔，你上次欠我的两块钱还没还我呢，这样吧，那钱我不要了，就当我捐献得了。"黄小翔没有想到陈果来这一手，只能无奈地把他放了。

男生的钱都如此难收，女生就更不容易对付了。黄小翔认为金姗姗家里有钱，所以一定会慷慨解囊的，但是他估计错了，全体女生在陈丹丹的暗示下，竟然没有一个捐钱的。

"还是放弃吧。"彭湃安慰黄小翔说，"你怎么能凑到那么多钱呢，还是认输吧，正好把我那五毛钱还给我，我还能坐车回家。"

"不行，我就不信这个邪了。"黄小翔的斗志被激发起来了，"咱们可以这样办……"黄小翔神秘地说。

（四）

下午放学的时候，四年级三班的全体男生在操场上秘密集合，黄小翔简单地说了两句以后，大家就各自开始行动了。他们的目标是散落在城市各个角落的饮料罐子。

黄小翔和彭湃在操场上仔细地搜索着每一寸土地。

"这儿有两个。"彭湃兴奋地拾起两个变了形的易拉罐，如同发现了所罗门的宝藏。

"真奇怪，平日里好像遍地都是这东西，可是今天怎么只有这么一点呢？"黄小翔看着满满一口袋的易拉罐，还是不满足。

"今天就到此为止吧，我作业还没有写呢！"彭湃已经很疲劳了，因为他们在操场上已经走了七八圈了。

"不行，作业重要还是罐子重要？"黄小翔严肃地说，"一会儿咱们再去菜市场看看。"

"啊！"彭湃痛苦地叫了一声。

陈果和丁鹏就没这么和睦了。他俩为了一个饮料罐争得面红耳赤。

"这个是我先看见的，应当给我。"陈果说。

"是我先拾到的，应当给我。"丁鹏也毫不示弱。

忽然争论不休的两个人发现罐子不见了。"咦？罐子哪去了？"

"一定是那个拾破烂的给拿走了。"两个人拔腿就追，一边追还一边喊："喂，大爷，那个罐子是我们的，是我们的。"

夜已经深了，但是还有很多四年级三班的男生在街上游荡着，因为他们还没有完成黄小翔交待的定额任务。

（五）

第二天，大家气急败坏地把黄小翔围攻了一顿。

"黄小翔，你知道我几点回家的吗？"

"我妈妈把我狠揍了一顿。"

"我从昨晚到现在还没有吃饭呢。"

大家正你一言我一语发牢骚时，彭湃气急败坏地跑进来喊道："不好了，不好了，咱们存放的罐子全不见了。"

大家惊呆了，黄小翔一下子从座位上跳了起来，飞快地跑到事发地点，果然，连一个瓶子也没给他们留下。

"谁这么缺德啊！"很多人愤愤地骂了起来，他们一个晚上的劳动全都付诸东流了。

黄小翔觉得自己是彻底失败了，离江小小的生日已经越来越近了，但是自己连最基本的东西都还没有准备好，他真的想就这么放弃了。

"黄小翔，我看算了吧，咱们还是和陈丹丹她们讲和吧，没有她们的帮助，咱们根本就不成。"彭湃又开始长他人志气，灭自己威风了。

"是啊，黄小翔，咱们不成啊。"很多男生也开始放弃了。

黄小翔坐在地上，一句话也说不出来。难道就这样认输了吗？其实认输倒没什么，只是自己真的连这点事情也做不了吗？难道自己说过的话就可以随便放弃吗？

黄小翔的大脑里正在进行着激烈的斗争。

不行，既然说过了，就一定努力去办到。黄小翔主意已定，他站起身，果断地说："不行，咱们不能就这样放弃了。"

"那咱们应该怎么做啊。"

"咱们这样办……"黄小翔的眼睛闪烁着奕奕的神采。

（六）

晚上回家后，四年级三班的这群男生们，开始搜集家里的废品了。第二天他们带来的废品就像是一座小山，这堆废品可是把收废品的大爷给高兴坏了，就连嘴里的假牙都笑掉了好几次。

这一次的行动是成功了，可是要筹到预期的钱还是远远不够的，正当黄小翔准备下一次行动的时候，陈丹丹主动走了过来。

"黄小翔，还真有你的。"陈丹丹佩服地说。

"那当然。"黄小翔一点也不谦虚。

"咱们讲和吧，这到底是咱们班的事情。"陈丹丹大方地说。

"不，我就不信我做不好。"黄小翔硬气地说。

"还是讲和吧，大家反正都是为了同一件事情。"彭湃在一旁打圆场。

黄小翔想了想，说："好吧，不过你也得听我的。"

陈丹丹没想到黄小翔会这么将她一军，但是作为班长，这件事情总不能完全不管吧，于是她点了点头同意了。

黄小翔的脸上浮现出一丝笑容，他对陈丹丹命令道："你去让班上的女生明天也带废品来学校。"

（七）

第二天，班上的女生也把废品带来了，而且质量明显比男生的高得多。金姗姗的爸爸用一辆轻型卡车运来了一车的废包装盒子。而陈丹丹也毫不示弱，她从家里带来了将近 100 个易拉罐(其中有 20 个是她昨晚强迫她爸爸喝下去的，到现在她爸爸的酒还没有醒呢)。

黄小翔注意到严春花只交了 5 本破杂志和几个易拉罐，就跳出来对严春花说："你怎么只交这么点东西？"

"我们家干净，没有废品。"严春花说。

"别逗了。看你穿的这身衣服，我就不信你家里没有废品。这衣服都快成废品了。"有不少同学听了这话都哈哈大笑起来。

严春花大怒，她一下把黄小翔推倒在废品堆里，愤然地走出了教室。

（八）

水晶般的灯光把饭店的大厅照得如仙境一般，三层的生日蛋糕上已经点好了 11 根蜡烛。穆老师和江小小惊讶地看着这一切。只不过两个人的表情各有不同——江小小是感动和兴奋，穆老师是时而高兴时而严肃。

陈丹丹似乎猜到了穆老师的心思。她趴在穆老师的耳边小声地嘀咕了好一阵子。穆老师的表情由严肃变成了兴奋，最后竟咧开大嘴哈哈地笑了起来。

同学们都莫名其妙地看着穆老师。穆老师高兴地说："刚开始看到这场面我以为你们又是去找家长要钱弄的。没想到你们竟用自己的双手创造了这么华丽的一个宴会。我太为你们骄傲了。"

全班同学兴奋得一阵欢呼，他们相互紧紧地抱在了一起，然后又嬉笑着推开了对方，似乎对方的身上还残留着垃圾的气味。

江小小也激动了，他用颤抖的声音小声地说："谢谢大家为我做的一切。我会永远记住这个生日的。"

穆老师走到黄小翔的身边，拍着他的肩膀说："这件事你做得很了不起，我希望将来你也会记住，只要说过的话，就努力去把它做好。"

黄小翔用力地点了点头。

美丽的水晶灯下，江小小和大家一起兴奋地唱着生日快乐歌。每个人的脸上都洋溢着欢乐，而黄小翔显得更激动，这个奇迹虽然不是他一个人完成的，但他毕竟为此出了很多力。他甚至有些想感激陈丹丹，因为是她让自己想到了这么一个好主意，现在他突然觉得自己已经长大了，他多想自豪地大声喊："说过的话，只要你努力，就一定能做好！"

习惯十一：

认真写字

一、导入部分

1. 理念

一个人字写得漂亮，常常让人刮目相看，也有不少人通过字体去衡量别人，印证"字如其人"这一说。也许有人会觉得这有点可笑，似乎太以偏概全了吧！其实，细想之下，也有几分道理，就算字写得不漂亮，只要是认真的，都会让人感觉舒服。

认真写字，是一个虽细小但十分重要的好习惯，对学生来说尤其重要。

我们来看看大家熟知的孩子的升学考试，每逢这样的大考，总有一些成绩不错的学生，最后成绩比他估计的要低，即使做了细致的分析，也找不出那些分丢在哪里了。其实很简单，丢在了试卷本身上，也就是说，他们丢分，并不是知识上的问题，而是书写出了问题。

平常学习中，有些孩子觉得学习时间有限，就一味求快，恨不得一分钟当成两分钟用，忽略了对书写的严格要求，很多字根本没法辨认。而老师们常常是一边提醒一边很宽容地努力辨认，在无形中又纵容了学生，写字时更加"龙飞凤舞"了。可考试时，阅卷老师的工作量很大，他们不可能去努力辨认每一个字。这种情况下因为字的原因丢分很正常。

书写看起来只是一个小小的学习细节，却不能忽视。父母不妨对照一下孩子的写字情况：

写字的时候总能保持正确的姿势吗？

总是把每一个字都写得很清楚吗？

写字的时候很重视书写的整洁程度吗？

写字时连标点符号也不忽视吗？

写字的时候心中没有杂念吗？

……

如果答案为否定的多，那父母千万别掉以轻心，要尽快培养孩子认真书写的好习惯。

2. 描述

（1）汉字是一种具有"中国特色"的艺术

很多人长期使用电脑，只认识汉字，却忘了怎么写；也有不少学生因为长期经历标准化的考试，习惯了填写"ABCD"，对汉字却陌生了。写字似乎显得越来越不重要。果真如此吗？

当然不是。重视书写，是一个现代优秀人才所应具备的基本素质之一。

教育家霍懋征女士曾经在国家教育部教材中心召开的"硬笔字模"鉴定会上说：

随着信息时代的来临，尽管电脑已日益普及，但硬笔书写仍是日常生活中不可缺少的传递信息和知识的技能，写一手好字仍是一个优秀人才应具备的素质之一。这一基本技能在一个人的生活中、工作中、人际关系等各个领域都有着重要的作用，手写汉字所特有的艺术性、创造性也是任何机器无法做到的。

汉字历史悠久，在漫长的岁月里经历了无数次的演变，直到今天，还被广泛使用。汉字是美的，是艺术的，是有创造力的。美学中的很多基本原理，就蕴含在每一个汉字中。

较之字母文字，汉字要复杂得多。它结构优美，表意丰富，具有强烈的美感和丰富的表现形式。要么疏可走马，要么密不容针，要把它们写得好看，就必须先把笔画写好，并合理地进行组织。

汉字承载了历史，承载了文化，值得我们每一个书写它的人尊重和传承。写字的过程，实际上就是陶冶情操、培养审美能力、提高文化修养的过程。

(2) 字如其人，展示个性

有的人字写得刚强，有的人字写得温柔，有的人字写得潇洒，有的人字写得飘逸……人们常常说"字如其人"，字在一定程度上反映出一个人的个性特征。

从字迹大小看：字形较大，书写人一般自信心强、独立、热情、积极；字形较小，书写人往往谦虚、慎重。

从书写速度看：速度快，书写人活泼、热情、动作迅速；速度慢，书写人性情和蔼、沉着、稳重，善于思考，处事冷静。

从字形特征看：棱角分明，书写人坚强有力，吃苦耐劳，锐气洋溢；笔画圆活，书写人个性温和，平易近人，温柔，行动从容不迫。

从字体特征看：简洁规范，书写人正直诚实，严谨细致，心地善良，关心他人；字体独特，书写人具有较丰富的想象力。

从运笔特征看：运笔有力，书写人个性刚强，气魄宏大；协调流利，轻重得当，书写人善于思索，好学上进，善于随机应变。

从书写整体结构看：字间距离大，行间排列不齐，书写人逻辑思维能力强，个性羞怯；字间密集，行间排列整齐，书写人沉默、稳重、谨小慎微……

美国著名的心理学家赫尔斯坦认为，笔迹是大脑传递给手指的意念，就像指纹一样，世界上没有完全雷同的笔迹。笔迹学家只要对 300 个书写符号下笔时的用力程度、符号的大小以及笔画布局等进行分析，就可以断定此人个性的基本特征。

（3）凝神静气，认真书写使人更沉着

有的人写字比较潦草，难以辨认，这只是表面现象。内在的，可能就是这个人比较浮躁，做事不踏实，或者不是很用心。认真书写，可以塑造人的性格，对人、对事、对生活形成一种积极的态度，最直接的结果就是可以使人凝神静气，变得更沉着。

《怎样教会孩子学习》讲了一个例子：

班主任老师在高考前一个月给学生布置了一项特殊的工作，就是每人每天安排一个小时认真写字。而且提出了三个要求：一是清楚，不一定多好看，但一定要清楚明了；二是标点准确，不要忽视任何一个标点符号；三是工整端正，在白纸上也能不偏不倚写上满满一页。

当时学生们都不太理解，但还是按照要求去做了。高考结束后，这个班90%的同学总成绩比原来预想的要高出15分左右。认真书写的作用怎么会那么大呢？

考前一个月，该掌握的知识基本上都掌握了，除了查漏补缺以外，最重要的工作是调节心神，争取在原有知识水平上多拿一些分数，而认真写字的作用正是使人集中精力，沉住气，调理心神，使一个人处于沉着的思维秩序之中。等到考试的时候，一个月来养成的这种沉着习惯也就发生作用了。

的确是这样的。认真书写，尤其是练习书法，最能使人凝神静气，变得沉着起来。那些书法名家，无一不是如此。对于孩子们来说，字写得漂亮与否并不是最重要的，关键是要认真。

（4）一手好字助人自信

很多孩子字写得不好，常常因为对自己的字没信心而对自己整个人都没信心。而那些字写得很好的孩子，给人的感觉也是很自信的。字写得好其实也是一种资本。

《心想事成的天天哲理》一书收集了这样一则大仲马的故事：

大仲马在成名前，穷困潦倒。有一次，他跑到巴黎去拜访他父

亲的一位朋友，请他帮忙找个工作。

他父亲的朋友问他："你能做什么？"

"没有什么了不得的本事，老伯。"

"数学精通吗？"

"不行。"

"你懂得物理吗？或者历史？"

"什么都不知道，老伯。"

"会计呢？法律如何？"

大仲马满脸通红，第一次知道自己太不行了，便说："我真惭愧，现在我一定要努力补救我的这些缺点。我相信不久之后，我一定会给老伯一个满意的答复。"

他父亲的朋友对他说："可是，你要生活啊？将你的住处留在这张纸上吧。"大仲马无可奈何地写下了他的住址。他父亲的朋友见了大仲马的字后，高兴地叫着说："你终究有一样长处，你的名字写得很好呀！"

大仲马备受鼓舞，从此就坚定地踏上了文学之旅，并终于成为一代文豪，名噪法国，享誉世界。

一手好字的确能给人带来更多自信。相信很多孩子对黑板报不陌生，看到那些字写得很好的同学把漂亮的字迹留在黑板上，他一定也很羡慕。父母朋友们，请别忘记提醒孩子认真写字！

二、21 天训练方案

1. 训练要点

（1）树立书写的意识

这一点非常重要。

现在很多孩子不认真写字，就是因为不懂得书写的重要性，没有树立起汉字意识。写字是一种基本的表达和交流方式，具有无可替代的优势。

认真写字并不仅仅在于实用，实际也是在陶冶情操、培养审美能力、提高文化修养。中华文化博大精深，源远流长，文化的流传依赖于文字这个载体，汉字的地位可谓举足轻重。同时，汉字是一种艺术性很强，变化极其丰富的文字。能不能把字写好，通常可以考察出一个人在文化方面的悟性和修养。

（2）树立好的心态

字写得好不好是水平问题，但是工整不工整就是态度问题。字是人的综合素养的外在表现，写字的过程也是培养人的性格、陶冶情操的过程。认真把字写好，需要有一定的耐心。没有耐心，什么事情都难做好。

（3）明确基本要求

认真写字的基本要求是：

写正确。就是握笔方法和写字姿势正确，标点符号准确，字体清晰。

写快。写字是一种脑和手的协调动作，要争取达到在 30 分钟内在白纸上也能不偏不斜写上满满一页。

写好。书写漂亮，并逐渐形成自己的风格。

2. 方法和步骤

（1）教孩子掌握正确的握笔方法

不少孩子都有这样的体验，刚刚上小学的时候，跑、跳都很自然和协调，唯独手指在握笔的时候感觉很费劲。这是因为儿童肌肉的发育不平衡，细小的肌肉比大肌肉的发育要晚。上小学时他们的手部肌肉才刚刚开始发育，做精细动作的能力还不够。如果握笔的方法不对，很可能造成疲劳和书写速度缓慢。

应该教给孩子正确的握笔方法：

笔杆放在拇指、食指和中指的 3 个指梢之间，食指在前，拇指在左后，中指在右下，食指应较拇指低些；

手指尖应距笔尖约 3 厘米；

笔杆与作业本保持 45 度的倾斜，掌心虚圆，指关节略弯曲。

如果方法不对，如握笔太低，不仅手容易疲劳，还会挡住视线，使书写者扭身歪头，造成坐姿不良，视力也会受到影响。

此外，笔的选择也很重要。低年级学生主要用铅笔写字，握笔的方法和写字的姿势是否正确，和笔杆的长短也有一定关系。当铅笔用到原长的 1/2 时，应加笔帽，以增加其长度。

（2）教孩子掌握正确的写字姿势

孩子如果老是歪歪斜斜靠在椅子上写字，不仅写出来的字不会漂亮，他的脊椎、视力方面也会受到影响。可以说，如果孩子写字的姿势不正确，他书写得越多，对他的发展越不利。

应教给孩子正确的写字姿势：

身体坐正，两腿自然平放，头和上身稍向前倾；

眼睛离桌面一尺远，胸部离桌子一拳远，两臂平放在桌面；

右手执笔写字，左手按纸，纸要放正；

此外，桌椅的高度也要合适。

（3）对孩子进行必要的训练

认真写字的习惯也是需要通过必要的训练来完成的。父母可以让孩子每天专门抽出一点时间来练习写字，每个字书写的遍数不要求很多，但是需要孩子注意这几点：

一是先看，了解字的间架结构，看一看笔画的位置和笔顺的先后。

写字，第一要讲究结构，结构不对，字肯定不会好看。一般孩子的结构问题都不大，主要是笔画的问题。这是因为他们平时缺少美感，或是不够留心，对字的笔画的基本走向分析得不够，缺少认识。要想让孩子写好字，就要教他在笔画上下工夫。比如写横笔的时候，书写应从左往右摆手腕，以手腕带动笔动，这样笔才会稳，线条也才会很直；再比如写竖笔时，手指关节要从上往下，手腕和胳膊都不能动，否则肯定写不直。笔尖、笔杆的角度和方向，应该是 45 度和前后方向，而不是朝左或右。

二是要规范书写，做到握笔方法正确、写字姿势正确，书写顺序没有问题等。

三是要整洁。告诉孩子想好了再下笔，用橡皮时要注意轻一点，橡皮一定要经常清洗。书写的整洁度提高了，看起来清楚，养成了习惯还能保证孩子考试时卷面的清洁和表达的质量。

3. 训练和评估表格

表格使用方法："选择目标"、"自我检测"部分由孩子自己填写，"父母评测"由父母填写，"班主任评估"由班主任填写。

选择目标	目标测试	□了解和认识认真写字的重要性 □掌握正确的握笔方法 □掌握正确的写字姿势　□整齐规范			
	最终目标				
自我检测		已完成目标	未完成内容	下一步安排	个人心得
	7 日检测				
	7 日检测				
	7 日检测				
父母评测	完成情况	□完成　□大部分完成　□少部分完成　□完全未做			
	与孩子沟通情况	□沟通良好　□有沟通，但时间很短　□根本未沟通 沟通内容/未沟通原因：＿＿＿＿＿＿＿＿			
	建议				
班主任评估	完成情况	□完成　□大部分完成　□少部分完成　□完全未做			
	与学生沟通情况	□沟通良好　□有沟通，但时间很短　□根本未沟通 沟通内容/未沟通原因：＿＿＿＿＿＿＿＿			
	与家长沟通情况	□沟通良好　□有沟通，但时间很短　□根本未沟通 沟通内容/未沟通原因：＿＿＿＿＿＿＿＿			
	评语				

三、主题延伸阅读

演出

(一)

六一儿童节就要到了，又是各个班级忙着准备活动的时候了。但是和其他班级忙里忙外的热闹场面相比，四年级三班就显得冷清多了，因为每年他们的节目几乎已经固定了，那就是由金姗姗表演钢琴独奏。

金姗姗受过专业的训练，再加上她是这个班级的大队长，所以代表四年级三班参加全校的表演已经是板上钉钉的事情了。

由于名单已经确定了，所以大家对六一节的演出也就没抱着什么幻想，每天还是看书、写作业、追跑打逗，日子虽然过得舒心，但还是觉得有一点点枯燥。

(二)

有一天上课的时候，数学老师着实活跃了一下班里的气氛。她展示了全班最有个性的作业本。只见这个本子，页与页之间只有一颗简单的订书钉连接着，作业本上黑乎乎的一片，仔细看才发现，那些都是如蝌蚪般七扭八歪的数字。

"我是受不了了，这样的字我怎么看啊。"数学老师愤怒地说道。

很多同学开始在底下小声地笑了。

"黄小翔，你站起来。"同学的笑声把老师激怒了，"你看看你的作业本，连当手纸都不配，太脏！还有你写的字，我不是学考古的，看不懂甲骨文。"

"甲骨文"这个名词黄小翔第一次听到，所以他不知道是好是坏，但是根据数学老师的表情判断，绝对不是对他的表扬。

下课铃一响，黄小翔就跑到班里最博学多才的陈丹丹面前，虚心地向她请教什么是"甲骨文"。

陈丹丹调整了半天情绪，才控制住笑容说："甲骨文听说是古代野人用来记事情的符号。"虽然陈丹丹对这个词语的解释也是不科学的，但她是全班学习最好的学生，所以黄小翔完全把她的话当成了最标准的答案。

不仅黄小翔如此，全班同学也是这样，所以从那以后黄小翔又多了一个绰号——野人。

(三)

除了数学老师对黄小翔已经忍无可忍外，其他老师对黄小翔的意见也不小。但是不管老师怎样对黄小翔进行教育，黄小翔一点改正的意思也没有。他有自己的主意：只要知识学会了就可以了，字有必要写得那么好吗？而且现在多方便啊，自己的作业本根本就不用写名字，别人一看就知道本子是他的。

班主任穆老师也曾经就这个问题专门找黄小翔谈过，并找出了一个他身边的榜样来加以说明："黄小翔，字可是一个人的门面啊，等以后别人找你签名的时候你可怎么给别人写啊，你看看严春花，她的作业本多干净，字迹多工整，你应该向她学学。"

对于穆老师的教育，黄小翔有一百多个理由可以反驳，比如，现在家家有电脑，谁还写字啊，所以字写得好坏也无所谓了，反正可以用电脑打印。等到出名的时候，我只要把自己的名字练习好就可以了，写好三个字可总比写好每个字要容易多了。

而且更要命的是穆老师点中了黄小翔的死穴——他不允许自己比严春花差，这一点当严春花第一天走进这个教室的时候，黄小翔就已经下了决心。

因为严春花是一个农村来的孩子，黄小翔有些瞧不起她，可是严春花却事事都比他出色，所以黄小翔把严春花当作自己最大的敌人。

当穆老师说严春花比自己写得好的时候(其实每个人都写得比他好，只不过说别人的效果不好)，黄小翔还真是下决心要把字写好了。

当天下午，他就去文具店买了一个新的作业本，然后开始规规矩矩地写起作业来，可好景不长，黄小翔觉得这样写作业真是太慢了，写了半天连一页还没有完成。黄小翔的性格本来就很急躁，所以他很快就烦了。

"算了吧。"他想，"就这一项比她差就差吧，还能事事都比她强？那样的话，她活着还有什么意思啊。"

于是黄小翔又开始龙飞凤舞地写了起来。

(四)

离六一正式演出还有一周的时候,四年级三班发生了一场变故,金姗姗在做卫生的时候，不慎把自己的两个手指头给弄伤了。当时金姗姗大喊了一声，就嚎啕大哭起来，穆老师急忙把她送到了医务室，但是她根本就不配合治疗，说这里的条件不好她害怕。没有办法，穆老师只能给她的父亲去了电话，她的爸爸火速驾车来学校接她，然后把她送到全市最大的一所医院，让专家进行治疗，结果要静养半个月，手指头不能碰钢琴了。

这件事情发生以后，并没有给四年级三班笼罩上一层阴云。相反，有很多同学内心深处还有一些不为人知的喜悦，因为被金姗姗垄断了四年的文艺演出终于空出位置来了,这可是一个大好机会啊。

不过，当他们察觉到此时离正式演出只有不到一周的时间时，他们就笑不出来了。于是陈丹丹又紧急召开了一个会议。

"怎么办？谁出个节目？"陈丹丹说。

没有一个人回答她，因为谁也没有演出的经验，大家都躲避着陈丹丹的目光。

"我不行，我五音不全，如果你想让观众吓死，我就上。"看着陈丹丹的目光注视着自己，彭湃赶紧说道。

"我也不行，我什么也不会啊。"黄小翔也没有勇气了，"要不你们女生来个小合唱算了。"黄小翔给陈丹丹出了个点子。

"现在排练还来得及吗？"陈丹丹很快否定了他的意见。

"那我也没办法了。"黄小翔也放弃了。

"你们男生真是没用，还男子汉呢！关键的时候全都完了。"陈丹丹生气了。

陈丹丹的这句对男生的评价彻底激怒了黄小翔："谁说男生不行了？你等着，这演出的事情你就交给我吧。"

听了黄小翔的话，陈丹丹大喜，而黄小翔马上就后悔了。

演什么好呢？这可是事关四年级三班的脸面问题啊。如果演砸了，那黄小翔可就成了全班的罪人了。

黄小翔躺在床上，一直躺到十点多，也没有想出办法来。这时屋外传来爸爸和妈妈开心的笑声。黄小翔觉得很奇怪，因为爸爸妈妈已经很少这么开心地笑过了。他急忙轻手轻脚地走出去一看，只见爸爸和妈妈正因为电视里的小品笑得前仰后合。这时黄小翔有了主意，为什么我不弄一个小品呢？问题已解决，黄小翔就兴高采烈地睡觉去了。

（五）

第二天，黄小翔把他的主意告诉了好朋友彭湃，彭湃当即表示支持，然后就问了黄小翔几个问题："黄小翔，剧本你想好了吗？咱们班的同学有谁想演出啊？如果喜剧不让大家发笑可怎么办啊？"

黄小翔的心就好像是熊熊的烈火被泼了盆冷水，一下子蔫了。但他突然想起了穆老师说过的一句话："只要想做就一定努力去做，这样一定会成功的。"想到这里黄小翔一咬牙，决定先把演员选好。很快他就召集了一批想从事演艺事业的有志少年，其中还有他根本就瞧不起的严春花。

"黄小翔，咱们演什么啊？"严春花首先发问了。

"还没想好呢！"黄小翔没好气地说。

"啊！"很多人惊讶地喊了起来，"那你叫我们来干什么啊。"

黄小翔一看人心有些动荡，急忙说："我今天只是先确定下人选，明天我就把剧本发给你们。"

回到家，黄小翔开始四处找可以演出的剧本，这时他眼睛突然一亮，为什么我不自己写一个，自己当主角去演呢？于是他兴奋地开始写了起来。

"我要当一个了不起的超人，打败强敌，拯救弱小。"黄小翔美滋滋地一边想一边写。

（六）

离正式演出还有一天的时间，黄小翔终于把剧本发到了每个演员的手里。有几个中途想要退出的，也在黄小翔的恐吓下，又坚持了下来。

"明天就演了，咱们还一次也没排练过呢？这可怎么演啊！"有人觉得这件事情根本就不靠谱。

"没事，我都想好了，今天你们回去把台词都背熟，明天咱们早点来，听说咱们的节目压轴，所以有足够的时间练习一遍。"黄小翔乐观地说。

没办法，大家只能接过剧本，可是等拿到本子又都傻了眼——上面的字根本就看不懂啊。

"这是什么啊，野人！"很多人问道。

"家里的电脑坏了，只能手写了。"黄小翔笑着说，"哪里看不清，我给你们解释。"

当黄小翔解释到第 N 句话的时候，他不耐烦了："今天就到这里吧，回去赶紧练习，一处两处看不清没有关系，领会精神，领会精神就可以了。明天早点来啊。"

（七）

第二天，黄小翔把大家召集到了舞台的后面："怎么样，都没问题了吧。"

"精神都领会了。"

"那好，咱们就练习一遍。"

黄小翔话音刚落，报幕员就走了过来对黄小翔说："临时决定，把你们班的节目提前，下一个就是了，赶紧准备吧。"

听完这话，这些四年级三班的演员们差点昏过去，还是严春花镇静，她喊道："别慌，咱们就当排练了，上台演一下就下来，都带着稿子，如果忘了就看看，别给咱们班丢脸。"

黄小翔看了她一眼说："看来，这脸是肯定丢了。"

（八）

舞台上，报幕员拿着黄小翔递给他的节目名称，认了半天也不知道上面写的是什么，结果汗开始顺着脑门往下流了。

"下一个节目是小品《走人央维》。"报幕员随便猜了个名字，说完以后就马上下去了。

《走人央维》？这是什么东西，台下的观众一头雾水。黄小翔气急败坏地对报幕员说："什么《走人央维》，是《超人英雄》。你认字吗？"

来不及重新报幕，反面魔王已经出场了，只见他走到舞台中央，面对着黑压压的观众，他的台词突然全都忘光了。

他满头大汗，目光呆滞，忽然想起了自己还带着台词，他好像抓住了救命的稻草，也顾不得形象了，急忙掏出来大声念道："我就是大名'高高的'的飞天霸王，我要称霸世界。"

"什么'高高'，是'鼎鼎'！"黄小翔在幕后气急败坏地小声喊道。

女主人公严春花上场了，她不幸被"飞天霸王"抓住，她充分发挥了自己的表演才华，声嘶力竭地喊道："救命啊，谁能来救救我们这些无辜的百姓啊。"

台下一片笑声。

"她怎么演得这么夸张啊。"黄小翔觉得天都塌了。

接下来的演出就如同是一场噩梦，很多同学的台词出现了严重的偏差，比如把"我要杀了你"读成了"我要叉了你"；比如把"他是拯救世界的英雄"读成了"他一脚把世界给踹平了"（因为把"是"看成了"足"，所以领会精神就读成这样了），等等。台下的观众笑得前仰后合，不仅因为演员拙劣的表演，还因为这些有趣的台词。

（九）

四年级三班同学的脸都红了，最红的就要数黄小翔了。当他要指责这些演员的表演太差的时候，这些演员纷纷拿出了剧本对黄小翔说道："你不是让我们领会精神吗？你写得这么乱，我们只能这样领悟了。"

黄小翔一句话也说不出来。他觉得是自己给全班抹了黑。穆老师走了过来，对黄小翔说："效果不错，大家都很开心。"

黄小翔难过地说："您就别拿我开心了，我知道错了。这不是喜剧，而是一个正经的剧本。"

穆老师哈哈大笑："观众不是不知道吗？他们还以为你是故意这样安排的呢！"

黄小翔惊喜地说："真的？这么说我没给咱们班抹黑？"

穆老师说："可以说没有，但是黄小翔，你现在总该知道一个人把字写工整的重要性了吧。这不仅是脸面的问题，更重要的是可以帮你养成有条理的生活习惯。黄小翔，把你这个乱写字的毛病改掉吧。"

黄小翔觉得今天的这个教训还真是大，看来他的这个毛病还真不是一个微不足道的小问题。

习惯十二:

在错误中反思自己

一、导入部分

1. 理念

在学习中,也许您的孩子也有过类似的经历:

作业本发下来了,他发现自己做错了几道题,改正之后马上交给老师,之后就再也不去管它们了;

考试试卷发下来了,他按照老师的要求把做错的题目重新做了一遍,认为这就万事大吉了;

……

可是,这样做并没有让他在之后的学习中获得多大的益处,错过一次的题目,总是一错再错,等他发现原来已经错过一次时才懊悔不已,叹息自己没有吸取教训。他也许会抱怨,我明明已经改正了错误,为什么还会这样呢?

错题意味着孩子在学习上的错误、在知识掌握上的漏洞。对待错题,绝不仅仅是将其"改正"那么简单。这就需要孩子养成一种新的好习惯:在错误中反思自己。

我们发现,那些善于在错误中反思自己的孩子,常常能对自己做错的题进行深入分析,及时总结,并且能在需要的时候对它们集中复习,大大减少错误再次出现的几率。从长远来看,这样做对堵住知识掌握上的漏洞非常有效，而并不仅仅是解决了几道题。

2. 描述

（1）对待错误的态度决定错误的作用

对待错题的态度，决定了错题发挥的作用会有多大。前捷克斯洛伐克著名分析化学家，"极谱学"创始人，1959年诺贝尔化学奖得主海洛夫斯基，小时候对待错题的态度，就很让人钦佩：

有一天，海洛夫斯基从学校回来的时候，愁眉苦脸的，吃晚饭时也心不在焉。妈妈发现他不开心，就问怎么了。这时候他才抬起头来看着大家，说："没什么，只是老师布置的一道题我做错了，现在还没找出错在哪儿。"饭后一家人出去散步。回到家，海洛夫斯基又开始思考那道错题。这时候，姐姐弟弟们正在玩游戏。过了一会儿，弟弟来敲门，邀请他一起玩儿，他说要先把那道题做出来。又过了一会儿，姐姐也过来邀请他一起玩儿，他仍在演算题目。姐姐热心地说："你的数学和物理一向很好啊。要不我帮你把它做出来，这样你就可以和我们一起玩儿了。"他说："不，姐姐，我要自己把它做出来。我想我已经找到一处错的地方了，一会儿就能做完，我不太熟悉这种方法，有些地方可能弄错了。不过，我能行，还是我自己来吧。"果然，很快他就把题目做了出来，然后快乐地和姐姐弟弟们一起玩游戏去了。

其实不仅仅是对待错题，对待生活中的任何错误都是一样的道理。如果我们不把错误当回事，任由它自行发展，错误也就不会善罢甘休，总有一天会再找上门来。只有认真对待，及时消灭它，才能尽可能减少错误的打扰。

（2）人不可能不犯错误，但聪明的人绝不犯两次相同的错误

在学习上要做到这一点，最直接有效的方法就是对所犯下的每一个错误都进行反思，找出错误的原因，总结经验教训。

真正学习有效率的人，都有整理错题的经历，一位北大学子谈

到自己的学习时说：

在学习中不可能不犯错误，可是我给自己下了个死命令，一定不许犯同样的错误。要做到这点，就要在每次犯错误之后对犯下的错误进行分析总结，并且把分析的心得体会好好地记在我专门准备的改错笔记上。比如做错了的题目，在改错笔记本上都能找到。

我将自己平时练习和考试中的错误都记下来，认真分析造成错误的原因，自己为什么会错，记下自己的心得体会，想想以后还会不会犯类似的错误。在这个分析过程中，我还会变换条件来思考：在变成这样的条件下，我可能会犯怎样的错误？

除此之外，对于这本改错笔记我还会经常拿出来看一看，回顾回顾，以做到常提醒。这样坚持下来，就能发现自己哪方面还存在缺陷，需要补补火，还能发现自己的一些习惯性错误。比如我在计算的时候就经常将 16×5 得到 90，而把 15×6 得到 80，经过几次记录之后，引起了注意，后来再遇到这两组计算，我都特意多检查几遍，以后就再也没犯过这个错误了。找到病源所在，对症下药，将错误防患于未然，高考时一些明显的错误就能避免了。

人都是有忘性的。除非是遭受了巨大的创伤而终身难忘，一般人对日常生活中犯下的错误会"记不得"，这种情形用一句最通俗的话来说就是"好了伤疤忘了痛"。孩子在学习中，对待错题就像是对待其他事情一样会常常遗忘。只有及时整理这些错误，吸取教训，才可能使愈合了的伤疤起到警示作用。

(3) **学习是不断改进的过程，要把每一个教训都变成真正的经验**

许多专家都强调"反思错误"的习惯，因为学习就是不断改进的过程。在孩子求知的过程中，必然会出现很多错误，如果形成了"整理错题"的习惯，那么以往的错误就会变成经验，这些经验会为他们下一步改进提供可贵的学习资源。

某年山东省高考理科状元陈恕胜认为错题本必不可少。他说：

每次小测验结束之后，我都要把全部错题搬到错题本上。也许有人会说，这样太浪费时间了，但它却可以帮助自己找出错在哪里，为什么出错，怎样才能避免出错。

高三下学期，他又把错题本和课堂笔记结合起来：

当一道化学题做错了，我会毫不留情地把它剪下来，贴在我的错题本上，然后从题解到标准答案，每一步都写得工工整整、清清楚楚。有时错题是同一类型的，我就做几个标记，把这几道题所在位置标注出来，以方便我以后翻阅。

整理一道错题，是一项非常艰苦的工作，不仅是一次心理上的斗争与完善，而且工作量也会很大，需要自己全身心地投入。有时知识点一环扣一环，层层扩展开去，写到最后还不能收手，于是接着写自己做这道题时的心理状态，写自己的打算。整理一道错题，我所用的时间最多的一次花了两节自习课。

运用反思错误的方式，能使每一个教训都变成真正的经验，使学习上的每一步都是前进的一步，而不是原地踏步或迂回前进。

二、21天训练方案

1. 训练要点

（1）反思错误也要有选择

我们发现，有些孩子确实也有反思错误的习惯，可是成效不大。为什么会这样呢？一个很大的可能是他们在反思错误时不加选择。

我们让孩子在错误中反思自己，并不是说要他只是例行公事地把所有做错的题目看一遍、重抄一遍，这不可能达到从错误中吸取教训的目的。

因此，我们要告知孩子首先需要对错误进行选择。那么，哪些错误是需要反思的呢？

学习上需要反思的错误资源，主要集中在考试测验和作业练习中。通常而言，平时作业中因为确定不会而做错的题目和在考试中出现的所有错误，最好都进行反思。

对于那些"有把握不会重犯的错误"，可以不用记下来。主要关注的是确实存在盲点的错题和有"门道"的错题。否则，如果只是为了完成"反思错误"的任务而把所有的错题重抄一遍，只会浪费宝贵的时间和精力，可谓得不偿失。

（2）当日错当日反思

有的孩子可能会想，等到期中或者期末的时候，集中反思错误不是更节省时间吗？其实不然。

反思错误需要当日错当日反思，为什么呢？

一是避免遗忘。我们知道，人的忘性是很大的，如果孩子不及时对当天的错误进行反思，很可能过了一段时间就忘记了。到了期中或期末的时候，他们就会觉得没有什么错误，根本就不需要反思了。

二是及时总结和消化的需要。当日错当日反思，对于孩子及时总结教训，搞懂没有弄清楚的知识点，消化没理解透的东西是很有好处的。试想，即使到期中或期末的时候他没忘记这些错误，而当那些错题一股脑儿地堆在面前时，他又如何消化得了呢？

因此，反思错误也要有"今日事今日毕"的态度。

（3）认真分析是关键

很多孩子在错误中反思自己时，并不是找错在哪里，是什么原因错的，只是把错题从头到尾再做一遍，蒙对了完事，这样反思实效不大。如果不对错误进行认真分析，很难吸取教训。

由于马虎，经常出错，但对错误又不认真分析，很难吸取教训。1986年浙江省高考文科状元李红军就说过，最好把错误进行归类。大致分为两类：知识遗忘类和理解错误类。对前一种类型要侧重于多翻、多记，对后一种类型，侧重于思考。

不同的人反思错误取得的效果不同，原因就出在是否认真分析上，不同的分析程度决定了对错题的理解度不一，获得的效果当然也就不同。

2. 方法和步骤

（1）让孩子准备正式的、比较厚的、质量较好的笔记本

我们发现，很多孩子也有反思错误的意识，但他们似乎从来没有想到反思错误可以专门用笔记本来记，常常是手边有什么就拿什么来记，是本子就用本子，没有本子就记在书上，甚至随手找一张纸记下来。

这样做是很不科学的，因为进行反思的错误会很不集中，不集中就不便于查找与对照，自然也就不利于经常总结了。而一个正式的本子起码会把错误集中到一起，并且会让孩子自然而然开始重视它们的存在。

那为什么还要比较厚的、质量较好的本子呢？因为孩子在学习过程中会出现很多很多的错误，厚本子可以将一个较长时段的错误都集中在一起。而选用质量好的本子，也是一个人从思想上重视这一学习习惯的开始，同时它的存在也是一种提醒。

（2）建议孩子以学科进行编号

有的孩子在学习中也有反思错误的习惯，但他把所有科目的所有错误都记在一个本子上，这样记的时候倒是简便了，但是并不太方便利用和查找。为什么呢？

试想，孩子在每天的学习中，几乎所有科目都在同时进行，也就意味着所有科目同时都会出现错误，把每天的错误一股脑儿全记在一起，连分辨哪个错误是哪一科的都有些困难，很容易引起混乱，况且以后复习备考，需要集中翻阅一科所有错误时，就很不方便了。

因此，父母要建议孩子在反思错误之前，首先要准备好专用的

本子，按照学科、时间进行编号，比如"初中一年级上学期代数错题集"，这样不仅方便他们分类进行反思，也更加方便他们自己今后进行查找。

（3）教孩子对待错误的几个步骤

在错误中反思自己的工作一定要做细，否则就会失去它的意义。我们可以教孩子学会按照以下几个步骤来进行。

第一步：把错题原封不动地抄在"错题集"上，留下错误档案；

第二步：认真检查和分析错在什么地方，并用红色笔在错误下面画上曲线；

第三步：找出错误原因并写出来，写得要具体，是概念不清还是用错公式，是没弄懂题还是计算马虎。马虎错的也不要只写"马虎"两字，要写清楚怎么马虎的，是把"＋"号抄成"－"号了，还是把"3"抄成"5"了，越具体越好；

第四步：改正错误，把正确答案和步骤写下来；

第五步：试着变换个别条件再做一次，看是否再出错或是会出现新的问题。

（4）培养孩子经常总结的习惯

总结是在错误中反思自己的根本。为此，父母要提醒孩子在固定的时间进行小结，从而培养孩子总结的习惯。

首先要保证当日错当日记，然后力求做到一周一小结，一月一中结，一学期一总结。具体方法可以参考《怎样教会孩子学习》。

建议每周小结的具体方法：

首先将每天记录下来的错题浏览一遍，先一边看题目一边快速地想出这个题目的解法，想出来了就往下看，实在想不出的，看看自己写的错误提示；如果还想不出，就要看看下面的解法，并且再练习一遍，必要的话再补充解题提示；浏览后，用红笔在"以后保证不会出错"的题目前打个"×"，在"不太确定以后还会不会不出错"的题目前打个"？"，在"对错误还没有完全搞清楚"的题目前打一个"！"。

建议每月总结的具体方法：

首先把每个每周总结出来的"？"级题目彻底"消灭"。自己实在搞不懂，可以去问同学或者老师。而对"！"级的题目再行抄录下来，如果一点新发现都没有，就把它升级为"☆"级。如果觉得可以"消灭"了，就把它降为"？"级，下一个月总结时，争取把它"消灭"。

建议学期总结的具体方法：

通常在期末考试前 15 天完成。首先把每月总结中的"☆"级题目整理出来，不惜一切代价坚决予以"消灭"，然后再把星期小结和月结中"？"级和"！"级的题目都要从头思考一遍，想想当时自己是如何"消灭"它的，从中找出大约 15%～20%的好题动手再做一遍，最后把一学期总结的成果抄录到另一个"错题精华本"上，每学期一个"精华本"，内部按学科进行分类。

（5）提醒孩子随时回头翻看

错误反思出来，如果不重看、不回味就一定不会起到重要的作用，只会变成一堆废纸，失去原本的意义。因此，父母要提醒孩子对待反思出来的错误，一定要随时回头翻看，及时进行总结，将它存在的价值发挥到最大程度。

（6）知识理论上的错误应让孩子及时请教老师或同学

对于知识理论本身的错误，一定要找出导致理解错误的根源，而且这种错误对学习的危害更大，它带来的错误是一串串的，而不是一个个的。有时孩子碍于脸面，不愿将自己的"无知"暴露，可这样的结果只能是越错越深。所以，父母要鼓励孩子一定要找老师或同学单独谈清楚他对这个理论到底是如何认识和理解的，如果有必要，可以请老师单独将该知识点再为他讲一遍。

这样做能有效地减少孩子知识掌握上的漏洞。

3. 训练和评估表格

表格使用方法："选择目标"、"自我检测"部分由孩子自己填写，"父母评测"由父母填写，"班主任评估"由班主任填写。

选择目标	目标测试	□准备正式的、质量好的、厚的笔记本 □当天错题当天整理 □按步骤整理错题 □及时总结 □随时翻看 □及时请教			
	最终目标				
自我检测		已完成目标	未完成内容	下一步安排	个人心得
	7日检测				
	7日检测				
	7日检测				
父母评测	完成情况	□完成 □大部分完成 □少部分完成 □完全未做			
	与孩子沟通情况	□沟通良好 □有沟通，但时间很短 □根本未沟通 沟通内容/未沟通原因：_____			
	建议				
班主任评估	完成情况	□完成 □大部分完成 □少部分完成 □完全未做			
	与学生沟通情况	□沟通良好 □有沟通，但时间很短 □根本未沟通 沟通内容/未沟通原因：_____			
	与家长沟通情况	□沟通良好 □有沟通，但时间很短 □根本未沟通 沟通内容/未沟通原因：_____			
	评语				

三、主题延伸阅读

秘方

（一）

严春花刚来到四年级三班的时候，学习成绩可真是不好。几次考试都是倒数几名。这一点让黄小翔十分高兴。"哈哈，不行了吧，要说教育，还得是我们城里的出色。哼，除了会做做卫生，还能做些什么？"黄小翔得意地想着。

可后来情况却发生了变化，严春花的学习成绩如同风筝一般，"嗖"的一下子就上去了。这让黄小翔十分不解了：怎么会这样呢？她的成绩怎么会提高这么快呢？即使再努力，也不应该进步这样快啊。

其实黄小翔以前也不是一个在学习上特别要求进步的孩子，以前他的学习成绩曾经还是班里的倒数几名。后来穆老师接手了这个有些麻烦的班集体，委任黄小翔为班里的生活委员。黄小翔还从来没有当过这么大的"官"呢，所以黄小翔想，当了"官"了，如果成绩还这么差的话，那真是太没面子了，而且还有被罢"官"的可能。虽然黄小翔对这样的官职并不怎么在乎，可如果被撤职了，那也是一件很没面子的事情。所以黄小翔决定，为了自己的面子，即使再苦再累也要把学习提上去。

本来黄小翔就不是一个蠢笨的孩子，所以他稍微一努力，学习成绩果然就提高了。为此，穆老师还当着全班同学的面，表扬了他好几次。这让黄小翔十分得意，这时他觉得，学习好也不是一件坏事情，相反还有一种特别的感觉。

（二）

四年级三班学习提高最快的纪录一直是黄小翔保持的，但是现在却被严春花给超过了。这就好比是，自己在宝座上坐得正高兴，可突然却被人赶了下来，这真是太让人受不了了。而且严春花不管怎么看，都不是那种聪明伶俐的孩子，她怎么会超过被誉为"神童"的黄小翔呢？

"她一定有秘方。"这天黄小翔肯定地对彭湃说。

"怎么会呢！"彭湃是一个十分不喜欢动脑子的人，"她学习努力了呗。"

"我也努力了，可为什么成绩不如她？"黄小翔气愤地说。因为这次考试他高度重视了，而且还做了一次系统的复习，本以为这次考试虽不一定会考全班第一，但是要超过严春花应该是不在话下的。可是等试卷发下来，他发现严春花还是比他考得好。这对他来说可真是耻辱啊，他觉得按道理严春花的智商应该是远不如他的，所以他觉得严春花一定有秘方，说不定她提前知道了考试的内容。

"彭湃，我觉得咱们应该这么办……"为了查明真相，黄小翔开始想对策了。

严春花这几天觉得有一双眼睛总是盯着她，无论做什么，都觉得正被什么人注意着。比如有一次她去办公室找穆老师，本来中午的办公楼道里没有学生在走动，可是当她无意中转身的时候，看见一个影子嗖的一下子拐进了一个屋子里。

严春花觉得很奇怪，怎么会有人盯上她呢？她家里又没有钱，长得也不算漂亮，怎么会有人在后面跟踪她呢？

紧接着，她发现黄小翔也变得不正常了。以前不管她说什么，黄小翔没有一次不是反对的，可是这几天破天荒地开始赞同起她的意见来，而且不止一次。

比如上午课间休息时，严春花正和其他同学聊天，小队长陈果提醒严春花该擦黑板了。严春花反驳道已经擦过了，该轮到下一位同学去干了。但是陈果坚持要严春花去擦。如果是以往，黄小翔一定会站在陈果一边，摆出生活委员的架子勒令严春花去擦黑板。但是这次他却说："陈果，你错了，我也记得严春花擦过了，你应该再去找别人。"陈果目瞪口呆地站了一会儿，然后去擦黑板了。

如果这种情况只出现一次，还可以说是偶然，但是这种情况接二连三出现了。黄小翔对严春花的态度出奇好，这就让严春花多少有些不适应了。

"黄小翔，你没事吧？"这天早上，当严春花发现黄小翔帮助自己擦好桌椅以后，终于忍不住好奇问道。

"我挺好的，没什么啊。"黄小翔觉得严春花的问题有些奇怪。

"你对我的态度好像变了。"严春花说。

"这有什么可奇怪的，我这几天心情好。"黄小翔解释说。

"哦！"严春花将信将疑。

（三）

"他肯定是有企图的。"陈丹丹果断地说。这天中午，严春花把黄小翔的反常现象对陈丹丹等几个人说了。虽然严春花是从农村来的，但是凭借着她的乐观和勇敢，获得了全班女孩子的信任，因为有她在，那些男生再也不敢欺负她们了。

"我觉得也是，你要小心啊，严春花。"金姗姗也同意陈丹丹的意见。

"那我可怎么办啊？我这几天又没有得罪他。"严春花有些紧张了。

"没事，难道还怕他不成，我们帮着你。"陈丹丹大义凛然地说。

"可是，我不知道又怎么惹着他了。"严春花不想把事情闹大。

"要不这样吧，我帮你悄悄地打听一下。"金姗姗说。

"你行吗？"陈丹丹一直对金姗姗的能力表示怀疑。

"没问题，你们等着我的好消息吧。"金姗姗自信地说。

放学的时候，金姗姗主动来到黄小翔身边，微笑着说道："黄小翔，放学和我一起走吧，我有些事情想和你说。"

金姗姗是一个十分骄傲的女孩子，她很少主动接近班上的男生，所以黄小翔接到邀请后觉得有些受宠若惊。

金姗姗是一个见过世面的学生，她觉得要想把谈话进行得深入，就一定要选好谈话的地点，所以她主动邀请黄小翔去吃肯德基。

果然，当一堆食物摆在黄小翔面前的时候，他心里乐开了花。金姗姗暗暗高兴，这就说明以后的事情好办了。

"黄小翔，我问你一件事情好吗？"金姗姗单刀直入地问。

"好吧，你问吧。"黄小翔一边啃着鸡翅一边说。

"你现在怎么对严春花这么好了？"金姗姗对黄小翔说。

"谁对她好，我可没有，我还是和以前一样。"黄小翔在说这话的时候，眼珠子乱转。

"别骗我了，这几天我们都看出来了，你对她和以前不一样了。"金姗姗笑着说。

"呵呵。"黄小翔干笑了两声，拿起饮料喝了一口说，"我是响应你们的号召啊，你们不是说要搞团结吗？我团结她还不好啊。"

金姗姗觉得今天这钱算是白花了，看来黄小翔口风还真紧，可是是什么事情让他如此守口如瓶呢？金姗姗觉得事情一定不简单。

（四）

第二天，金姗姗急忙找到严春花和陈丹丹向她们汇报工作。

"怎么样，昨天问得怎么样了？"陈丹丹问道。

"具体的他没说，但是从他的表情来看，其中肯定有一个大阴谋。"金姗姗说。

"什么阴谋啊？"严春花紧张地问道。

"我没问出来。"金姗姗沮丧地说。

"唉，你怎么不想想别的办法，要不今天我去试试。"陈丹丹说。

下午陈丹丹开始主动接近黄小翔的好朋友彭湃了。因为她知道，彭湃是属于不动脑子的人，从他那里套取消息一定要比从黄小翔那里套容易得多。

"彭湃，我找你有点事情。"陈丹丹叫住正要回家的彭湃说。

黄小翔看了彭湃一眼说："彭湃，那我先走了，你可得注意点。"说完他就背起书包走出了教室。

看着黄小翔的身影从教室里消失，陈丹丹才对彭湃说："彭湃，我问你点事情，你可得跟我说实话。"

"干什么呀，这么郑重。"彭湃笑嘻嘻地说。

"这可是一个很严肃的问题。"陈丹丹努力地想把问题弄得上纲上线，所以她的语气异常沉重。

"什么问题啊？"陈丹丹的计谋得逞了，彭湃果然收起了笑脸。

"你知道黄小翔为什么这几天对严春花特别好吗？"陈丹丹问。

"就这个呀，他没什么啊？"彭湃一脸无辜的样子。

"你别骗我，我可是很郑重地在问你。"陈丹丹严肃地看着彭湃。

"这，这个，我不好说。"彭湃真是不知道该怎么对陈丹丹讲。

"你就说吧，我保证绝对不会对任何人讲。"陈丹丹兴奋地说。

"这个，这个，这是因为，因为黄小翔好像是喜欢上严春花了。"彭湃说。

"啊？"陈丹丹大叫了一声，呆呆地站在那里。彭湃悄悄地走出了教室。

（五）

第二天，黄小翔一走进教室，就觉得大家看他的眼神有些怪怪的。一开始黄小翔还觉得是不是自己的衣着或是举止有什么问题，但他很快发现，一定是自己有什么事情成了大家的笑话。可是是什么呢？黄小翔觉得自己做事一向很谨慎，不应该成为大家嘲笑的对象啊。

他来到座位上，看见严春花愁眉苦脸地看着他，一脸委屈的样子。

"你这是怎么啦？"黄小翔奇怪地问。

"没什么。"严春花急忙跑出了教室。

黄小翔看着她的背影有些发呆。今天他们都是怎么了？黄小翔想。这时陈丹丹走了过来，严肃地对黄小翔说："黄小翔，我想和你谈一谈。"

"谈什么？"黄小翔警惕地问。旁边有几个同学发出了一阵不怀好意的笑声。

"当然和你有关了。"陈丹丹说着就把黄小翔拉出了教室。教室里的同学一下子就全都安静了下来，都侧着耳朵想听清门外的对话。

"黄小翔，咱们都还小，有些问题是不应该考虑的。"陈丹丹说。

"什么问题啊，我考虑什么啦？"黄小翔觉得自己已经是一头的雾水了。

"你还不承认啊，看来我只好请穆老师出面了。"陈丹丹拿出了杀手锏。

果然管用，黄小翔一下子软了，急忙说道："别别别，什么事啊，如果是我错了，我改还不成吗？"

"你真不知道？"陈丹丹觉得黄小翔在说谎。

"真不知道。"黄小翔说。

陈丹丹看黄小翔不像是说谎的样子，于是就说："好吧，那我告诉你，你是不是喜欢严春花？"

"什么？"黄小翔大叫起来，"谁说的，这是造谣！"他情绪十分激动。

"这么说你不喜欢严春花了？"陈丹丹觉得黄小翔这样子，不像是骗人。

"当然！"黄小翔肯定地说。

"那你为什么对她那么好。"陈丹丹问道。

"我。"黄小翔犹豫了一下，最后下定决心，说，"我是想知道她提高成绩的秘方。"

（六）

下午放学的时候，严春花叫住黄小翔，把一个厚厚的本子递给了他，说："这就是秘方，你看看吧。"

黄小翔半信半疑地接过本子，翻开一看，只见里面夹着很多份已经有些破烂的试卷，本子里密密麻麻地写满了试题。

"这是做什么？"黄小翔不解地问。

"这是以前我学习很差的时候，穆老师告诉我的方法。"严春花说。

"什么方法？"黄小翔问。

"就是把自己做错的题，整理在一个本子上，然后弄懂它，经常看一看，这样我的学习成绩就上来了。"严春花说。

"就这么简单？"黄小翔有些不敢相信。

"就这么简单，但坚持下来很难。"严春花说。

黄小翔没有想到，自己费尽心机弄来的秘方，就是这么一个简单的方法。他想既然严春花能坚持下来，那么自己为什么就不行呢？看来只要自己认真努力，学习成绩一定还是会超过严春花的。